WIZARD

ペリー・J・カウフマン[著]

長尾慎太郎[監修]

山下恵美子[訳]

世界一簡単な

# アルゴリズムトレードの構築方法

## あなたに合った戦略を見つけるために

A Guide to Creating A Successful Algorithmic　　Perry J.Kaufman
# TRADING STRATEGY

Pan Rolling

A Guide to Creating a Successful Algorithmic Trading Strategy
Copyright © 2016 by Perry J Kaufman. All rights reserved.

This translation published under license with the original publisher
John Wiley & Sons, Inc. through Japan UNI Agency, Inc., Tokyo

# 監修者まえがき

　本書は投資コンサルタントのペリー・カウフマンが著した"A Guide to Creating A Successful Algorithmic Trading Strategy"の邦訳である。はじめに断っておくと、これは特定のアルゴリズム（システマティックなトレード戦略）を扱った解説書ではなく、より俯瞰的な立場から、アルゴリズムを使用したトレード戦略の適切なデザイン方法を述べたものである。ただし、利益の源泉となるリスク・プレミアムの例として取り上げられているのは、時系列分析から得られるモメンタムと平均回帰だけであるが、その分、平易で実務的な解説がなされており、少なくともこの２者に関しては十分な内容となっている。一般に、私たちが投資やトレードで使えるリスク・プレミアムとしては、ほかにもクロスセクション分析によるバリューやサイズなどもあるが、筆者が解説にあたってモメンタムと平均回帰に対象を限定したのは、それがだれにとっても直観的に分かりやすく、かつ最も広範囲に得られて、しかも堅牢だからである。

　いずれにせよ、本書のように、個別のトレード戦略の詳細ではなく、それらを構築するための方法論について書かれた書籍は数が少ない。それでも欧米人の手によるものはいくつか見られるが、日本人によって書かれたものは皆無である。思うに日本の投資家（機関投資家を含む）は、「どの銘柄を買えばよいのか？」とあちこち聞いて回るというナイーブな状態をやっと脱し、ようやく「どういった投資手法が優れているのか？」を探す段階に達したレベルなのではないかと思量する。これがさらに進んで、「投資戦略のデザインにはどのような考え方・思想・哲学が必要か、そしてそれを実践するための方法論とは何か？」が問題として意識されるには、まだまだ時間がかかるのかもしれない。

　だが、投資やトレードにおいて本当に重要なのは後者のほうである。

なぜなら、一般に探索的なプロセスにおいては、その膨大な選択肢を効率的に刈り取ることが非常に重要なカギとなるが、金融市場にかかわる分野で実用に足るアルゴリズムを選ぶための評価関数は、あくまでエキスパートの頭の中に暗黙知として存在するだけで、明示的かつユニークに定まるものではないからだ。これら熟練者の持つ知識は、それを知っている当事者にとっては単純で自明のことばかりであるが、困ったことに、当事者には当たり前すぎて重要だとはほとんど意識されない。逆に、実務経験の浅いビギナーがメンターの存在なしにそれらを自然に発見するのは絶望的だ。つまり、投資戦略のデザインに必要な知識や技術の教授や学習は極めて難しいのである。だから、それらを断片的にでも形式知化して伝えてくれる本書のような存在は貴重である。ここに書かれてあることは一見何の変哲もないことばかりに思えるかもしれないが、その背景には多くの経験による知見の存在がある。本書は、絶対収益型の投資戦略を用いる機関投資家の運用にもたえる内容であり、これを読めば読者の学習期間を数年は短縮できることになる。個人的には、私が運用の仕事に就いた20数年前に本書があれば、どんなに良かっただろうかと思う。

　最後に、翻訳にあたっては以下の方々に感謝の意を表したい。山下恵美子氏は正確な翻訳を行っていただいた。そして阿部達郎氏には丁寧な編集・校正を行っていただいた。また、本書が発行される機会を得たのは、パンローリング社の後藤康徳社長のおかげである。


2016年11月

長尾慎太郎

| 監修者まえがき | 1 |
| 謝辞 | 9 |

## 第1章　簡単なまえがき──基本ルール　　11

| 本書の目的 | 11 |
| 基本原則 | 12 |
| プロセス | 13 |
| 基本的なトレードシステム | 15 |
| 　トレンドフォローシステム | 15 |
| 　短期システム | 16 |

## 第2章　アイデア　　17

| 一から始めよ | 17 |
| アイデアはあなたのトレードの性質に合ったものでなければならない | 19 |
| すぐに利益がほしい | 20 |
| 時の試練に耐える | 21 |

## 第3章　複雑にするな　　23

| ノイズについて一言 | 25 |
| 統合的解決法と基本要素 | 26 |
| ルールを増やせば、トレード機会は減り、成功も遠のく | 28 |

## 第4章　アップルだけをトレードしているときに、なぜ「堅牢さ」を気にしなければならないのか　　31

| それは堅牢なシステムか | 31 |

| | |
|---|---|
| 別の見方 | 35 |
| どういったパラメーターの値を使えばよいのか | 37 |
| 複数の時間枠 | 38 |
| トレンド手法に良し悪しはあるのか | 39 |

## 第5章　少ないほど良い
43

| | |
|---|---|
| ボラティリティはもろ刃の剣 | 44 |
| 強気相場はだれもが現実から目をそらしているときに発生する | 46 |

## 第6章　トレンドフォロワーは利食いや損切りは使うな
49

| | |
|---|---|
| トレンド戦略のメカニズム | 51 |
| トレンドを見つけるのは難しくなってきている | 52 |
| ユーロドルのトレンド | 53 |
| 損切りはどこに置くか | 54 |
| 利食いについて | 55 |
| 押しや戻りで仕掛ける | 56 |
| どれが最高のトレンドフォローシステムか | 57 |
| 　移動平均システム | 58 |
| 　ブレイクアウトシステム | 58 |
| 　線形回帰システム | 58 |

## 第7章　短期トレーダーは利食いせよ
61

| | |
|---|---|
| トレンドフォロワーにとって悪いことは短期トレーダーにとっては良いこと | 63 |
| 損切りはトレンドフォローでは使えなくても、短期トレードでは使えるのか | 65 |
| 物事には必ず例外がある | 66 |

## 第8章　完璧なシステムを求めて　69

結果を見る　71
どれくらいのデータがあれば、またどれくらいのトレードを行え
　　ば十分と言えるのか　72
どのパラメーター値を使えばよいのか　73


## 第9章　機会均等トレード　75

ポジションサイズの計算　76
低位株は避けよ　76
ボラティリティでの調整は株式ポートフォリオには不適切　77
先物のリスク　77
目標リスク　78
ポートフォリオのリターンを計算する　79
ポートフォリオのリスクを決める　82
複数の戦略を持つことが重要　83
機関投資家にとってはそれほど簡単ではない　84
良いことが多すぎると悪くなることもある　85


## 第10章　検証──重大な選択　89

コンピューターに解決させる　92
結果をどう評価するか　93
フィードバックとは何か　94
隠された危険性　96
忘れられた歴史　97
真のコストを使え　98
ダーティーデータを使え　99
バックアジャストデータと株式分割調整データ　101
異なるパフォーマンス指標　102

| レシオの解釈 | 103 |
| だれもがインフォメーションレシオを使うわけではない | 103 |
| トレード数 | 104 |
| 期待値 | 104 |

## 第11章　降伏させよ　107

| 損失を出す期間を解決する | 107 |
| 平均的な結果を使え | 108 |
| システムを絞め殺す | 111 |
| ルールの一般化 | 114 |
| 　高ボラティリティ | 115 |
| 　低ボラティリティ | 116 |

## 第12章　先物についてもっと詳しく　117

| レバレッジ | 119 |
| リターンを計算するための換算係数 | 120 |
| FXを忘れるな | 121 |
| FXの建値 | 121 |
| 真の分散化 | 123 |
| 商品先物市場のライフサイクル | 125 |

## 第13章　悪臭を放つリスクはいらない　127

| 明確なプラン | 129 |
| 低位株は避けよ | 130 |
| 100%を超えるボラティリティ？ | 131 |
| ボラティリティが非常に高いときはトレードするな | 132 |
| 価格ショックを回避せよ | 132 |
| ポートフォリオのドローダウン | 133 |

| ビジネスリスク | 134 |
| 再びレバレッジを上げる | 136 |

## 第14章　ポートフォリオのために最良の株式と先物を選ぶ　137

| 多くを望みすぎるな | 137 |
| 実用的な解決法 | 138 |
| パフォーマンスのランク付け | 140 |
| 銘柄の入れ替え | 142 |

## 第15章　銘柄に戦略を合わせる　145

| 株式のノイズ | 146 |
| ETFのノイズ | 148 |
| 先物のノイズ | 148 |

## 第16章　トレンド戦略の構築　151

| トレンド | 152 |
| 買いと売りのルール | 153 |
| 最初の検証 | 153 |
| コスト | 155 |
| 期待 | 155 |
| 最初の目標をクリアする | 156 |
| 利食い | 159 |
| ボラティリティフィルター | 160 |
| ルールを組み合わせる | 161 |
| 複数の仕掛けと手仕舞い | 162 |
| 市場が多いほど、堅牢さは増す | 163 |

| リスクの安定化 | 164 |
| 自分自身でやる | 165 |

## 第17章　日中トレード戦略の構築　167

| 時間枠 | 168 |
| 概要 | 168 |
| 戦略 | 169 |
| 戦略を選ぶ | 170 |
| トレンド戦略か、それとも平均回帰戦略か | 171 |
| 基本的なルール | 172 |
| ブレイクアウトルール | 172 |
| 利食いと極端なボラティリティ | 173 |
| トレンドについて | 174 |

## 第18章　まとめ　179

参考資料　181

# 謝辞

ジョン・コワリック、ジョン・エーラース、リンダ・ブラッドフォード・ラシュキの３人に心より感謝する。彼らはこの分野の知識にかけては右に出るものはいない。彼らだったら本書を書くなんてことは朝飯前だっただろう。彼らからは広範にわたって洞察力あふれるコメントをいただいた。コメントに応じて数えきれないくらい修正した結果、非常に分かりやすいものに仕上げることができたのではないかと思っている。また、私の結論のいくつかに対して、しつこいくらい質問してくれたマーク・ゼプチンスキー、多大な見識を与えてくれたアーニー・バリチモスとマレー・ルジェーロにも感謝する。

そして、私の著書のすべてを校正してくれている母のヘレンにも感謝する。もし間違いを見つけたら、文句は母に直接言ってもらいたい。

改めてあなたがたのすべてに感謝する。

PJK

バーバラ・ロックフェラーのモーニング・フォレックス・ブリーフィングは、私たちに次の言葉を思い出させる。

**「多くの解説者たちのこのテーマに対する調査にはすでに暗雲が漂っている。もしこれ以上調査を続ければ、私たちはこれについて何も知らないということが分かるだろう」**——マーク・トウェイン

# 第1章

# 簡単なまえがき —— 基本ルール

A Brief Introduction : The Ground Rules

> 「物事はできるだけシンプルにすべきだ。しかし、シンプルすぎてもいけない」——アルバート・アインシュタイン

　トレードの経験があるかないかは、統計学者とトレーダーの違いを見るとよく分かると言われる。99回コイン投げをしたとする。99回とも表が出る。「次に投げたときに表が出る確率は？」と統計学者に聞く。すると、統計学者は「フィフティーフィフティー」と答える。今度は同じ質問をトレーダーにすると、トレーダーは「100%」と答える。驚いたあなたは理由を尋ねる。するとトレーダーは「それは偏ったコインである可能性が高いからだ。99回続けて表が出るのは、とても偶然とは思えない」と答える。経験は理論を現実に変えるのだ。

　1970年代初期に初めて自動化システムを使ってトレードを始めたとき、プロのトレーダーたちからは「バカバカしい」「マーケットはそんなふうには動かないよ」「株式の価値を知らなければ、金儲けなんて無理さ」と鼻先で笑われた。今やこの考えは覆された。高頻度トレードシステム、つまりアルゴリズムトレードシステムは、「不公平なまでの優位性を持ち」、「一般投資家からお金を盗んでいる」と言われるまでになった。時代は変わっても、人の考えが変わることはない。

## 本書の目的

　本書では、余計なものは一切省いた。本書が短いのは、成功するト

レードシステムを構築するうえで最も重要な問題のみに焦点を当てているからであり、短いほうが読者も完読しやすいだろうと思ったからだ。間違いを犯すことによって、長い時間をかけて重要なことを学ぶのではなく、現実を痛みなく学べることを意図している。本書は、正しく理解できているかどうかを確認するのに使ってもよいし、本書を通じて「なるほど、そうなのか！」と何かを発見することもあるかもしれない。私の出した結論をあなた自身で確認するには、しっかりとした判断が必要であり、科学的でなければならない。しかし、もしあなたが私のような人間なら、合理的で正しく思えるアイデアをすぐに受け入れてくれるはずだし、信じてくれるはずだ。時にはよく分からなくなることもあったが、常識に基づいて行った意思決定を後悔することはない。

各章では、トレードシステムを構築するためのさまざまな要素を、最良の方法で提示していると私は思っている。どのステップも重要で、正しく行わなければ、あなたのトレード口座はあとあと打撃を受けることになる。打撃を受けてからでは遅い。のちのちの成功率を高めるためには、前もって少しだけ余分な時間を投資するのがよい。

## 基本原則

本論に入る前に、明確にしておかなければならない重要な事柄がいくつかある。

まず第一に、私たちは全員、バイアスを持っているということである。それは実際に話すことのなかではなくて、言外に含まれていることが多い。例えば、テレビや夕方のニュースで政治についてだれかが何かを話しているとき、彼らの言葉のなかには隠された意図があるように思える。

私には、良いものも悪いものも含め、完全自動化トレードを好むと

いうバイアスがある。私はまたマクロトレンドシステム、株式などのアービトラージ、パターン認識も大好きだ。ほかにもあると思うが、今は思い出せない。私はルールをたくさん含むシステムが大嫌いで、1つの市場でしか機能しないシステムにも懐疑的だ。私の事例には短期システムと長期システムをバランス良く含むようにしているが、実際にはおそらく長期トレンドフォローシステムのほうが多く含まれていると思う。というのは、長期トレンドフォローシステムを使っているトレーダーが多いと思うからだ。トレードを始めてまだ間がないトレーダーは特にそうである。

## プロセス

トレード戦略の開発には8つのステップが含まれる（**図1.1**参照）。8つのステップは、左側に書いてある「ルールの変更」と「失敗」を除いて非常にはっきりしている。まずトレードアイデアを着想し、次にデータを集めて戦略の有効性を立証する。アイデアを検証するにはトレードプラットフォームが必要になる。プラットフォームにはエクセルのような単純なものから、トレードステーションのような高度なものまでいろいろある。そのプラットフォームにルールを入力してルールを確定する。

　次に、インサンプルデータを使って戦略を検証（これについては第10章と第11章を参照）し、結果を評価する。結果に満足がいかなければ、前に戻ってルールを変更したあと、再びインサンプルデータを使って検証する。満足のいく結果が得られるまでこれを続ける。次に、使わずに取っておいたアウトオブサンプルデータを使って戦略を検証する。この検証に成功（「成功」の意味についてはのちほど話す）すれば、トレードを始める準備が整ったことになる。

　しかし実際には、事はそれほどスムーズには進まない。例えば、ア

13

図1.1 トレードシステムの開発プロセス

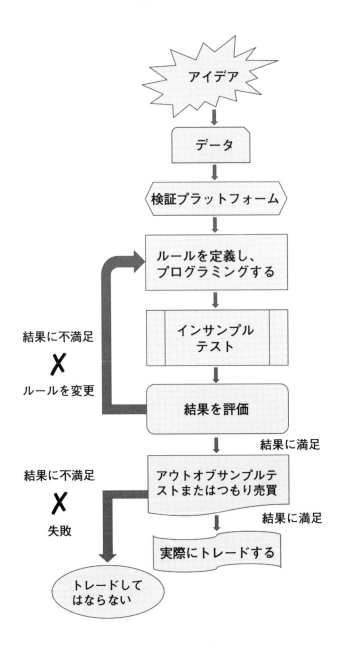

ウトオブサンプルデータで検証すると、結果は予想どおりにはいかないことが多い。そんなときは前に戻ってルールを変更しなければならない。しかし、アウトオブサンプルデータはもう残っていない。純粋主義者ならこう言うだろう——「アウトオブサンプルテストに失敗したら、そのシステムはあきらめて、ほかのシステムでまた最初からやるしかない」。しかし、実際にはこんなことはしない。メソッドは機能している。でも、何かを見落としたのかもしれない。例えば、損切り注文を入れるのに固定値ではなくボラティリティを使ったりとか、利食いを追加すべきだったのに追加しなかったとか……。

　解決策は必ずある。すべての検証を終えて結果が良ければ、ペーパートレード（つもり売買）をしてみる。ペーパートレードでは実際のお金を使わずに取引内容を記録することで、あなたの望む結果にどれくらい近い結果が得られるかを確認することができる。ペーペートレードの問題点は、時間がかかること、そしてすぐにお金を稼ぎたくて（あるいは、損をしたくて）うずうずしてしまうことである。なすべき変更事項がまだあることは、経験が教えてくれる。ペーパートレードはアウトオブサンプルデータを２回以上見ることに対する罰だと言えるだろう。

## 基本的なトレードシステム

　本書を通じて実例としてはトレンドフォローシステムと短期システムの両方を使う。そこで、トレンドフォローシステムと短期システムを簡単に定義しておこう。

### トレンドフォローシステム

　トレンドを見つけるには価格の高値の更新や安値の更新を見ればよ

いが、もっとよく使われるのは移動平均である。したがって、本書では移動平均を使う。トレンド手法の違い（第3章を参照）が議論されることがあるが、本書ではいくつかの異なる手法の特徴について説明する。しかし、違いはトレンドという概念そのものに比べるとそれほど重要ではない。

　移動平均システムでは、価格がトレンドラインを上抜いたり下抜いたりしたときではなくて、トレンドが上昇トレンドに変わったり下降トレンドに変わったときに、買いシグナルと売りシグナルを定義する。トレンドラインとは、トレンドの方向性を示してくれるものであるという概念（難しい概念ではない）を受け入れれば、唯一、重要なのはトレンドラインであることが分かってくるはずだ。買いシグナルと売りシグナルを生成するのに価格は必要ではない。

## 短期システム

　トレンドフォローシステムはどれも似たようなものだが、短期システムはそれぞれが異なる。実例では、ボラティリティ、リスク、コスト、よく使われるルール（利食いルールや損切りルール）といった共通の特徴に焦点を当てる。

　短期システムはトレンドフォローシステムよりも複雑になる傾向があるが、本書ではパターンベースのアプローチや日中ブレイクアウトについて議論する。

　簡単な説明が終わったところで、アルゴリズムトレードシステムの開発へと進もう。

# 第2章

# アイデア
The Idea

　アイデアはどこから来るのだろうか。アイデアはどこにでもある。た
だし、それを認識する直感が必要だ。また、アイデアは簡単に説明で
きるものでなければならない。インディケーター、期間、パターン、コ
ンピューターテクニックだけでは、成功するトレードシステムを作成
することはできない。こういったものを組み合わせても、過去では素
晴らしくうまくいったが、将来的には機能しないようなシステムが得
られるだけである。

## 一から始めよ

　まずは、健全な前提から始める。

●トレンドはFRB（連邦準備制度理事会）が設定した金利政策に基づ
　く。
●農産物、航空株、リゾート株、灯油といった株式やコモディティー
　には季節性が存在する。
●2つの半導体メーカー、2つの製薬会社、2つの住宅メーカーのよ
　うに2つの似たような株式の差を利用することができる。これを「株
　式アービトラージ」またはペアトレードと言う。

17

●決算発表の前、あるいは価格ショック後に、ボラティリティを売買
する。
●大手企業による業績予想引き上げの発表で売る（ニュースが流れる
ころにはもう古いニュースになっている）。
●ファンドが償還し、ポジションを再度建てるときには、翌月の同じ
時期に同じパターンが現れる。
●過去50年の間、人間の性質に基づいた3日サイクルが存在する。
●「月曜日に上昇し、火曜日に下落する」といった週間パターンが存
在する。

　ほかにもたくさんあるが、こうしたものを認識するには、実際にト
レードしてみる必要がある。トレードは、意識を市場に集中させ、経
済報告、地政学な出来事、企業ニュースの（あなたのお金に対する）
効果を吸収する最良の方法だ。なぜなら、市場にお金を投じていれば、
値動きに関するあなたの集中力は大幅に増し、損失を生むような問題
は素早く解決しようとするからである。
　トレードに関する本を読んだり、オンラインセミナーを聴講したり、
有名なグルの講義に参加したりするのもよいだろう。しかし、こうし
たことを行うことで良いアイデアは着想できるかもしれないが、今日
から使えるようなトレードシステムは得られない。これらの多くは重
要な情報を与えてくれるかもしれないが、それは「周辺的」な情報に
すぎない。つまり、ポジションサイジングや損切りの置き方などは学
べるかもしれないが、高い授業料を支払ったとしても、彼らの最高の
トレード手法は教えてはくれないということである。トレードの技術
は自分で学ぶしかないのである。

第2章　アイデア

# アイデアはあなたのトレードの性質に合ったもので
# なければならない

　あなたのトレード方法——つまり、あなたのトレードの性質——に
合ったアイデアを見つけられるかどうかは、あなた次第だ。ポジショ
ンを取ってそれを1年間保有する投資家もいれば、価格が間違った方
向に行った途端に市場から撤退する人もいる。あなたを惑わせるよう
なトレードを自分に強要してはならない。

　私も妻もトレーダーである。家では毎日、市場についての話をする。
私と妻のトレードスタイルは異なるため、これにはフラストレーショ
ンを感じる。彼女は長年にわたって取引所の会員で、フロアトレーダ
ーだった。マーケットメーカーとして、彼女は1日のうちに何度も買
いと売りを繰り返すが、その日の終わりには通常、マルにする。彼女
にとってトレードを長期間保有するというのは、オーバーナイトを意
味する。市場の方向性についての私たちの意見は異なることが多い。な
ぜなら、時間枠が異なるからだ。「市場が崩壊している！」と彼女は言
う。市場を見ていると、過去2時間でS&P500が3ポイント下落して
いる。「えっ？　これのどこが崩壊？」と私は戸惑うことがしばしばあ
る。彼女は売りポジションにこだわる。なぜなら売りのほうがお金を
素早く儲けることができ、フロアトレーダーは個人投資家の逆サイド
にいるのを好むからだ。

　2008年の金融危機から間もなく、混乱した市場は一生に一度の機会
を提供してくれるに違いないという意見で一致した（私たちの意見が
これほどまでに一致したことはこれまでになかったので驚きだった）。
私たちはポジションをセクター間で分散し、エネルギー、医療のほか
に可能性のあると思える分野の良好な銘柄の長期ポジションを取るこ
とにした。ポジションは彼女が設定した。

　翌週、彼女が資産配分した4〜5日あと、彼女はチェシャーキャッ

19

ト（「不思議の国のアリス」に出てくる猫）のようにニヤニヤしながら私のオフィスに現れた。「もう手仕舞ったわよ。ものすごく大きな利益が出たわ」。「すごいね！」と私は言った。私だったら1年間ポジションを保有したままでいたに違いない。

　要するに私が言いたいのは、あなたのトレードの性質は簡単には変えられないということである。もしあなたが短期トレーダーなら、短期戦略を見つけよということである。市場を毎日見るのが面倒くさい人は、長期トレンドフォロー、あるいは週次シグナルを使えということである。そして毎週結果をチェックする。あなたの性格にあらがってはならない。そんなことをすれば失敗するだけである。

## すぐに利益がほしい

　すぐに利益が得られることを期待してトレードを始める人がいる。投資資金を5万ドル持っていて、生計のために毎月2500ドルの利益を上げる「必要」のある人を知っている。元金を減らさないためには、彼は毎年50％のリターンを稼がなければならない。これは非現実的だ。シナリオとしてはむしろ、元金から生活費を引き出して、口座は少しずつ減少していき、しまいにはトレードするお金がなくなってしまう可能性のほうが高い。

　利益が蓄積するのを辛抱強く待てる人でも、ポジションを何週間にもわたって保有する遅いトレードシステムでは資産スイングが大きく、勝率が低いことに注意が必要だ。逆に、速いシステムでも損失が続けば大きなドローダウンになってしまう。とるリスクが大きいほどドローダウンも大きくなる。年末までには利益が得られるはずと考えるのは現実的ではない。トレードシステムがいくら良くても、毎年利益が出るわけではない。資産が自然に減少していくときもあり、そんなときに口座からお金を引き出すのはタイミング的にはまずい。トレード

資金は利益を得るための長期的な投資とみなすことが重要だ。

## 時の試練に耐える

　本章の冒頭で列挙した戦略のアイデアは、時の試練に耐えてきたものばかりだ。若干の変更はあるかもしれないが、それほど大きく変わることはない。自分のシステムは最低でも15年間は利益を出してほしいと思うトレーダーもいれば、「過去３年間うまくいって、今でも同じくらいの利益を出しているのならば、トレードする価値のあるシステムだ」と言うトレーダーもいる。

　長期トレンドフォローは30年間利益を出し続けてきたし、ペアトレードは常に機能する概念だ。この２つの戦略は競争が激化した現在では、以前ほどの利益は出ないが、うまくいくシステムであることに変わりはない。これは良い出発点になるはずだ。

　システムには、ときどき「調整」する必要のあるシステムもある。例えば、1990年代、私は短期の日中ブレイクアウトをトレードしていた。確かに1990年代は良い時代だった。特に、上昇を続けていた金利先物にとっては絶好の時期だった。しかし、1997年になるとボラティリティとともに利回りが低下し、日々の利益は減少していった。利益の大部分に貢献してきた市場が利益を生まなくなれば、ファンドのパフォーマンスは大きく低下するのは必至だ。

　そのシステムのルールは、オープニングレンジが確定したらブレイクアウトで買うか売り、そのポジションをオーバーナイトして、翌日の寄り付きで手仕舞うというものだった。ポジションを保有するのは一晩だけなので、トータルで１日だけの保有ということになる。1997年以降の利益の減少に対する解決法は実に簡単で、新たなトレードシグナルが出るまで今のポジションを保有する。新たなシグナルが今のポジションと同じ方向だったら、そのポジションを保持し、逆方向だ

ったらドテンする。これによってトレードごとのリターンは増えたが、リスクも増えた。しかし、リターンは今やそのほかの損失を埋め合わせることができるほど大きくなっていた。概念そのものは変えないが、必要な改善へとつながる小さな変更は必要だ。このように、システムはときどき調整する必要がある。

　また、一時的な市場パターンを利用する戦略もある。2000年代初期、原油は毎日上げて引けた。まるで１人の大口トレーダーが毎日引けで買っているように思えるほどだった。そこで私たちは引けの10分前に買い始め、それはおよそ１カ月間うまくいった。しかし、好調なのもそこまでだった。何日か何も起こらない日が続いたあと、私たちはその戦略をあきらめた。しかし、大きな利益は手にした。

　鋭い観察眼を持ち、リスクをとる気があるのなら、利益の出る戦略は無数にある。

# 第3章

# 複雑にするな
Don't Make It Complex


　「シンプルにしておけ！　この間抜け（Keep it simple, stupid）」という言葉は聞いたことがあると思う。これは本当のことだ。システムをわけもなく複雑にするのは自滅行為だ。複雑にするということは洗練されたものになるどころか、混乱を招くだけである。可動部がたくさんありすぎれば、何がうまくいき、何がうまくいかないのかは分からなくなる。それに、複雑なものを理解するのは難しく、間違ったときに修正するのが難しくなる。これは多くの人が犯す過ちだ。第2章でも述べたように、アイデアは簡単に理解できるようなものでなければならない。アイデアをトレードシステムに変換するときもシンプルにすることが重要だ。

　ある有名なファンドマネジャーは次のように言った。「ルーズフィットのパンツはだれにでもはける」。まったくそのとおりである。私のトレード手法はできるだけ多くの市場で機能してもらいたいと思っているが、ルールが多ければ、それはムリである。問題は、「ルーズフィットのパンツ」は見苦しいということである。トレードでは、これはリスクを増やし、損失が長引くと、もう1つルールを増やせばひどい動きを避けられたのにと感じることを意味する。これは間違いだ。損失──なかには大きな損失もある──は必ず発生する。これについては詳しくは第13章で議論する。

23

いろいろな市場で長期にわたって機能するトレード手法は「堅牢」
な手法だ。私は堅牢なものが大好きだ。堅牢とは、戦略が基本的に正
しいことを意味する。例えば、数年前、「日中ブレイクアウトシステ
ム」が大流行した。やり方は以下のとおりである。

● 寄り付きから最初の1時間の高値と安値を記録する。
● 最初の1時間の高値を更新したら買い、安値を更新したら売る。
● 1日の終わりに手仕舞ってもよいが、翌日まで保有して、同じルー
　ルで手仕舞ったほうがよい。

　この戦略には、ルールは1つ（私の場合は対称的な買いシグナルと
売りシグナル）しかなく、長年にわたって多くの株式市場や先物市場
でうまくいってきた。市場が変わり、ほかのトレーダーが似たような
アプローチを使うようになった今は昔ほどうまくはいかないが、メジ
ャートレンドのある市場では依然として利益を上げている。念のため
に言っておくと、これは株価指数先物市場ではうまくいかないだろう。
なぜなら、ノイズが多すぎるからだ。ノイズは不規則なため、毎日の
値動きは予測できない。金利、FX、株式のトレーダーは今でもこれを
使っている。
　ペアトレードも機能する戦略だ。例えば、マイクロチップなど同じ
業界の似たような2つの株式、あるいは可処分所得など同じ力学で動
いている2つの株式を見つけ、両者が逆方向に動いたら、高いほうを
売り、安いほうを買う。しかし、この戦略もトレンドフォローと同じ
ように競争が激化し、利益は減少している。とはいえ、簡単に理解で
き、基本的に健全な戦略を使えば、儲かる機会は依然としてある。
　シンプルなトレード手法を見つけるのは簡単だ。こういった手法は
完全ではなく、資産曲線はあなたが望むほどスムーズではないが、概
念が健全であるかぎり、その欠点も認め、受け入れなければならない。

## ノイズについて一言

　私は、価格のノイズは非常に重要なものだと思っているので、ここで少し時間を取って説明したいと思う。1970年代、私は「効率レシオ（efficiency ratio）」というものを開発した。これは価格がどれだけスムーズに動いたかを測定するもので、n日間の最初と最後の価格の差を、各日の値動きの合計で割って算出する（値はすべて正値にする）。これを酔っぱらった船乗りの歩きで考えてみよう。

　船乗りが船を降りたときは酔っていない。彼はできるだけ少ない歩数で最寄りのパブにまっすぐに歩いていく。これは100%効率的だ。パブから帰るときは、足どりはおぼつかなく、あっちの路地やこっちの路地をふらふらしながら歩き回り、やっとのことで船にたどり着く。船からパブに行くまでの道のりを、パブから船に帰るときの道のりで割ると、帰り道の効率性が求められる。酔っぱらえば酔っぱらうだけ、効率性は低下する。

　同じように値動きを測定するとき、これは何を意味するのだろうか。私の解釈では、非常に効率的な値動きは、シンプルなトレンド戦略で利用することができるということである。ノイズの多い値動きは平均回帰にとって理想的だ。先物市場を見ると、ノイズが最も多いのはS&P500やナスダックのような成熟した市場で、その次にノイズが多いのはヨーロッパの指数市場、ノイズが最も少ないのはユーロドルや英ポンド短期金利先物などの短期金利市場と新興国株価指数市場である。

　私は、このアイデアに逆らってトレードするシステムには懐疑的だ。つまり、EURIBORに平均回帰のシステムを適用したり、S&P500のトレンドフォローシステムから大きな利益を期待するのは、ムダだということである。

## 統合的解決法と基本要素

　自分の知っていることをすべて入力し、最良の解を得ることができないコンピューターは無用の長物だ。これは新米トレーダーの多くが考えることだ。経験者でも、コンピューターに仕事をやらせ、自分たちは何も考えない傾向がある。コンピューターにすべての仕事を押し付け、自分たちは何も考えなくてすむ完璧なツールは、遺伝的アルゴリズム、ニューラルネットワーク、そして最適化だ。もちろんこれらは非常に有益なツールだが、甚だしく誤用されているツールでもある。本書では難しい数学は扱わない。最適化についてはあとで話すとして、なぜこれらのツールが私たちを間違った方向に導いてしまうのかについてこれから説明する。

　トレード戦略を構築するとき、よく使われるアプローチは2つある。

①それぞれのルールを定義し、一度に1つずつ、ほかのルールとは独立して検証する。
②すべてのルールを同時にブレンダーに投入して検証し、どういった相互作用があるのかをチェックする。

　最初のアプローチから見ていこう。
　このアプローチでは、それぞれのルールを定義し、各ルールを個別に検証して、そのルールは利益を生むのか、そして、そのルールは基本戦略の改善に役立つのかどうかをチェックする。例えば、トレンドシステムを開発し、利食いルールと高ボラティリティフィルターを追加したいと思っているとしよう。私たちはまず最初に利食いの水準をいろいろと検証して、基本的なトレンドテストの結果を改善できるかどうかをチェックするだろう。次に、利食いルールを無効にして、ヒストリカルな価格ボラティリティが、例えば50％を上回ったら仕掛け

をやめる高ボラティリティフィルターを検証する。そして、最初の検証とフィルターを加えたときの結果を比較して、改善されたかどうかをチェックする。２つの検証は同時には行わない。このアプローチでは、それぞれのルールがシステムを構成する基本要素で、それぞれのルールは独立したものでなければならないからだ。

　完全統合的解決法では、利食いルールと高ボラティリティフィルターは同時に検証する。これはひとえにコンピューターの処理能力が向上し続けているおかげだ。これは、これら２つの要素が相互作用し、より良いパラメーター値の選択につながるかもしれないという考えに基づくものだ。例えば、利食いルールはボラティリティが55％のときに利益をとらえることができたため、ボラティリティフィルターの値としては低い閾値よりも60％か70％が望ましいといった具合だ。

　私は１つ１つ積み上げていく過程を重視している。私が知りたいのは、それぞれの要素がきちんと機能しているかどうかである。困るのは、あるルールは単独だと損失を出すが、ほかのルールと組み合わせると利益が出るときである。もちろんこんなこともあり得るが、私はそれを好まない。

　10個のルールを組み合わせたときの利益が、１つ１つを別々に検証してそれを足し合わせたときの利益よりも大きくなるといった極端なケースもある。これぞまさに統合的解決法である。しかし、もしもパフォーマンスが下落し始めたらどうなるだろうか。10個のルールのうち、問題があるのはどのルールなのか。１つのルールを変えれば、ほかのルールが影響を受けてしまう。これはあまりに複雑で、どのルールに問題があるのかを見つけだすのは容易なことではない。2008年の金融危機そのものである。各基本要素は理解するのが簡単で、それぞれに独立している。だから私はルールを個々に検証するアプローチのほうが好きだ。

27

## ルールを増やせば、トレード機会は減り、成功も遠のく

　「オーバーフィッティング（過剰最適化）」は必ず知っておくべき重要な概念である。オーバーフィッティングとは、戦略が素晴らしくうまくいくように、ルールや特別なパラメーターを使って戦略を微調整することを言う。これはヒストリカルデータではうまくいく。一般に、戦略に含めるパラメーターが多いほど、トレードの機会は減り、長期的には成功する見込みは少なくなる。クオンツはこれを「自由度が多すぎる」と言う。つまり、パラメーターが多すぎると、オーバーフィッティングにつながるということである。足の数が多すぎるタコのようなものだと私は思っている。ルールを過去のイベントにフィットするようにこねくり回せば、過去のイベントはとらえることができるだろう。しかし、将来的にもうまくいくためには、新しいイベントは過去に現れたのと同じ条件で現れなければならない。これはあり得ないことである。

　政府は「大きすぎてつぶせない」のを防ぐために、金融業界を規制しようとしてきた。しかし、銀行は収入のない人にローンを組ませ、「フラッシュクラッシュ」を起こしかねない注文に便乗し、過去の問題をすべて糊塗しようとした。政府とはこの程度のものだ。彼らが前もってあらゆるものを規制しようとしても、できることはほとんどない。

　問題は、リスクというものはもぐらたたきゲームのようなものであるということである。もぐらが穴から出てくる。あなたはそれを木槌でたたく。すると別の穴から別のもぐらが出てくる。市場もこれとまったく同じである。私たちがそれを食い止めようと何をやっても、暴落や価格ショックや予期しない危機は次々と現れる。これが市場の性質なのだ。政府がこれらをたたきつぶそうとしている間、私たちはその衝撃をどう緩和するかを考えなければならない。これについてはリ

スクについてのセクションで詳しく議論する。

# 第4章

# アップルだけをトレードしているときに、なぜ「堅牢さ」を気にしなければならないのか

Why Should I Care About "Robust" If I'm Trading Only Apple?

　本当になぜなんだろう。ある銘柄の専門家のようなトレーダーがいる。彼らはその会社のことをよく知っているし、バランスシート、ビジネスプランもよく知っていて、経営手腕を評価することもできる。彼らは株式が比較的割安なときに買い、長期的なポテンシャルを見る。利益を出すトレーダーもいれば、大儲けするトレーダーもいる。逆に、損をするトレーダーもいる。利益を出すのは、彼らが基本的に正しいからであるが、利益が出るまでには1～2年かかる。どれくらいのトレーダーが成功しているのかはよく分からないが、成功するシステマティックトレーダーになるには何が必要なのかは分かる。成功するには、堅牢なシステムとそのシステムに従う規律が必要なのだ。

　堅牢さとは、同じルールを使って、さまざまな市場でさまざまな時間枠で機能することを言う。つまり、特定の株式や先物の経路に依存して調整されていない戦略ということである。もうすでにお分かりかと思うが、堅牢なシステムにはわずか2～3のルールしかない。

## それは堅牢なシステムか

　それが堅牢なシステムであるかどうかは、どうすれば分かるのだろうか。トレンドの背景にある考え方から見てみよう。トレンドは、金

31

利政策や需要と供給の不均衡といったファンダメンタルズに追随する。私の経験から言えば、システムが60日から250日の経済トレンドをとらえるにはスローである必要がある。30日から100日といった短いトラッキング期間が必要になるのは、季節性や需要と供給の不均衡をとらえるときである。したがって、SPYのスローレンジのすべてのトレンドを検証し、そのすべてのトレンドで利益（コスト差し引き後）が出るとき、その戦略は堅牢ということになる。しかし、ちょっと待ってもらいたい。QQQ、IWM、10年物国債や原油といった先物市場ではどうなのだろうか。何と、これらの市場でも利益が出るではないか。これでこのシステムはさまざまな市場のさまざまな時間枠で機能することが確認できた。そう、これが堅牢ということである。

　残念ながら、どんな時間枠のどんな市場でも利益の出るような非常に堅牢な戦略なんてほとんどない。検証対象の70％で利益が出れば、大成功と考えてもよいだろう。長期トレンドフォローは堅牢な数少ないシステムの１つである。プロのマネジャーの多くが長期トレンドを、トレードするポートフォリオの全部、あるいは一部に適用しているのはそういうわけである。株式アービトラージもまた堅牢なシステムだが、流動性が低く、トレードが集中しやすいという特徴を持つ。

　**図4.1**と**図4.2**はトレンド算出期間として10日から200日を使った移動平均システムのリターンを示したものだ。ルールは１つだけ。移動平均を算出して、そのトレンドの方向にポジションを仕掛けるだけである。**図4.1**はSPYとアップル（AAPL）の純利益（買いのみ）を示し、**図4.2**はユーロドル（ED）金利の純利益（買いと売り）を示している。ユーロドルは海外で貯蓄されている米ドルの３カ月満期の価格である（利回りは100から価格を差し引いたもの）。縦軸は純利益を示し、横軸は移動平均の期間（10日から200日）を示している。データは1990年以前のものを使っている。手数料は株式の場合は１トレード当たり８ドル、先物の場合は、１枚当たり往復16ドルである。SPYのポ

32

### 図4.1　SPYとアップルの移動平均期間別の純利益

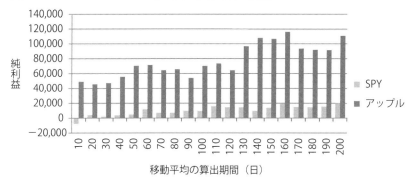

### 図4.2　ED金利の移動平均期間別の純利益

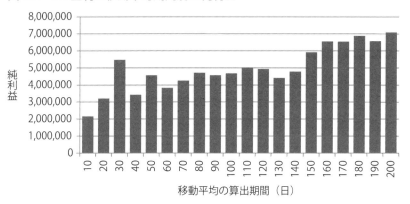

ジションサイズは1万ドルの投資額を終値で割って算出している。ユーロドルのポジションサイズは2万5000ドルの投資額を20日ボラティリティ（ドルのATR［真の値幅の平均］）で割って算出している。

　SPYは10日移動平均を除き、すべての検証で利益が出ている。これは非常に素晴らしい結果だ。どちらのチャートもパフォーマンスのパターンに注目してもらいたい。

　しかし、ここには落とし穴が2つある。1つは、期間と市場を事前に定義しなければならない点である。「もしこのシステムが機能するも

のであれば、このシステムはほとんどの金利市場と主要なFX市場で
も機能するはずであり、もっと長い期間を使っても機能するはずだ」
という概念も必要になる。すべての株式や先物の市場がこのようなパ
フォーマンスを示すわけではないが、高確率で利益が出ることだけは
確かだ。

　私の場合、トレンドフォローの場合は40日から120日の期間を使う。
この期間では、アップルとSPYでは最高のリターンをとらえ損ない、
ユーロドル先物では良いパフォーマンスをとらえ損なったかもしれな
いが、それでも安定して高い利益を上げただろう。これは、移動平均
の期間にはトレンドが実際に存在する期間を使わなければならないと
いう私の考えを反映したものだ。検証を始める前に期間を決めれば、あ
なたの判断は違ってくるかもしれない。

　あなたの戦略で100の異なる市場を検証することを考えてみよう。結
果を見ると、50の市場で利益が出た。その50の市場のうち、5市場は
非常に大きな利益が出た。あなたはトレードする市場をその5市場か
ら選ぶだろうか。選ばないはずだ。なぜなら、ベストなものは偶然そ
うなった可能性が高いからだ。つまり、あなたは運良くサプライズな
動きの正しい側にいたということである。そういったことが再び起こ
ることを当てにするわけにはいかない。つまり、現実の運用で満足す
る結果を得るには、多くの検証で良好な結果が出ていなければならな
いということである。

　もう1つの落とし穴は、検証の分布である。少なくとも120日の移動
平均ではこれらの市場で安心してトレードできるように思えるが、そ
れは幻想でしかない。10日移動平均と15日移動平均の結果は大きく異
なるが、190日移動平均と200日移動平均の結果はあまり変わらない。結
果はウソをつくのである。これについては第10章で再び議論する。

34

図4.3 不安定な結果

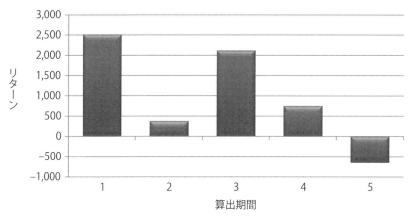

## 別の見方

　堅牢さには別の見方もある。**図4.1**や**図4.2**のような一連の検証結果を見ると、パラメーターの値が大きくなっても小さくなっても、純利益はスムーズに推移している。**図4.3**に示したように、大きな利益のあとで損失が出て、そのあとまた大きな利益が出るといった状況は避けたいはずだ。

　例えば、ボラティリティに基づいて最適な利食い水準を見つけようとしている場合、20日ATRを計算し、それにある係数を掛けて、得られた値を仕掛け価格に足す。それが買いサイドの利益目標になる。「真の値幅」は日々の高値と安値の差に似ているが、ギャップを空けて寄り付いた場合には前日の終値を考慮する点が異なる。係数としては1.00から10.00までを検証することができる。つまり、1ATR（通常は20日間のATR）から10ATRまで検証できるということである。10ATRでの利食いは期待できないが、広い値幅にわたる利益パターンをチェックする必要がある。1990年からのS&P500先物を検証したものが**図4.4**

図4.4　1990年からのS&P先物

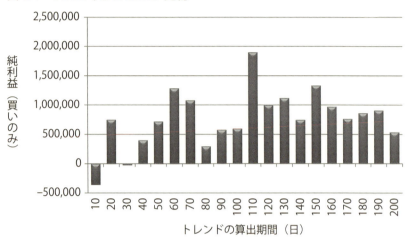

図4.5　利食いを使った場合のS&P先物の純利益

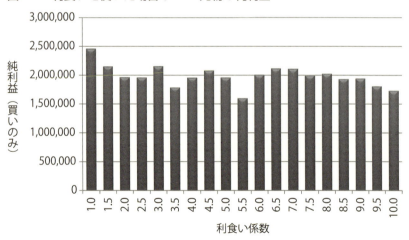

である。ただし、1枚当たりの往復手数料は16ドルとする。

　図4.4を見ると分かるように、利益は算出期間が110日のときが最も多い。左端のほうでは損失も発生しているが、これはトレードコスト

第4章　アップルだけをトレードしているときに、なぜ「堅牢さ」を気にしなければならないのか

が利益を上回ったためだ。最良の結果（110日のトレンド）を選んだら、次に利食いを適用する（**図4.5**参照）。目標は、最良の検証結果を打ち負かすことである。純利益が200万ドルを超えれば成功だ。

　結果を見ると、利食いは係数が小さいほど効果的であることが分かる。ただし、コストは大きな要素ではある。真ん中辺りに不規則なパターンが見られ、右側に行くにしたがって滑らかに低下しており、利益は少なくなっている。これは一例にすぎないが、検証結果はだいたいこんなものである。パターンは存在するが、完全にスムーズではない。通常、パラメーターのパーセンテージ差が小さくなり、行うトレードが少なくなる右側に行くにしたがってスムーズになる。このように結果を視覚的に見ることで、良い選択ができるようになる。重要なのは一貫性だ。

## どういったパラメーターの値を使えばよいのか

　次の問題は「どのトレンド速度を選べばよいのか」である。100のうち成功するものが70（あるいはこれよりも少ない）あるとすると、どれを使えばよいのだろうか。ほとんどの人は、最も大きな利益が出るもの、あるいはリスクに対して最高のリワードが得られるもの、あるいはドローダウンが最も小さいものを選ぶだろう。しかし、それは間違いだ。最も大きな利益が得られるものは、株価が暴落する前に売ることができるような、あるいは価格ショックが起こる前に手仕舞いできるような速い移動平均を使ったシステムになるだろう。あなたが検証している株式とその「過去の」パターンに最もよく合ったシステムがそうである。しかし、過去に合ったものを使っても、将来的にも合うとは限らない。翌年はあなたの期待をアンダーパフォームする可能性が高い。それでは、最も悪いものを選んで、将来的にアウトパフォームすることを期待すればよいのだろうか。どちらもノーである。

37

どのパラメーターが翌年最も良くなるのかは分からない。ポートフォリオの銘柄選びでも同じ問題が発生する。ただ１つの銘柄を選べば、最大のリターンを得られるか、最大の損失になるかのいずれかである。２つの銘柄を選べば、最大のリターンが得られる可能性は減少するが、リスクも低減できるため、安定性を得ることができる。したがって、分散化するのと同じような方法でパラメーターやルールを選べばよいのである。つまり、２つ以上のパラメーターの組をトレードせよということである。結果的には、最高の結果はあきらめなければならないが、最悪の結果になる可能性も減少する。

## 複数の時間枠

「複数の時間枠」とは、複数の算出期間を意味する。最低でも４つの組み合わせを選び、各組み合わせは同等のものとして扱う。つまり、各組み合わせで同じ量だけトレードせよということである。これは重要なので何度でも言うが、もし１つのシステムや銘柄にお金（リスク）を集中させれば、それはほかのものをアウトパフォームしなければならず、アウトパフォームしなければ単に余計なリスクをとっただけということになる。

意欲的なクオンツの場合、パラメーターを検証するとき、あるいは選ぶとき、非線形分布を使う。「線形分布」の例としては、例えば10から100まで５刻みの移動平均が挙げられる。しかし、10日移動平均と15日移動平均の差は非常に大きいが、95日移動平均と100日移動平均の差は小さい。同じ間隔で検証して、結果を平均すれば、大きな算出期間（遅いトレンド）にウエートが置かれることになる。非線形分布の場合、次のパラメーターの値は前の値の倍数（変化率）になる。したがって、新しい検証値は、20、30、45、67.5、101.25といった具合になる（前の値に1.5を掛け、整数に丸める）。

第4章　アップルだけをトレードしているときに、なぜ「堅牢さ」を気にしなければならないのか

　私が作成してトレードしてきたシステムの多くでは、シンプルに30日、60日、120日の組み合わせを使っている。この組み合わせだと長い期間をカバーできるうえ、適度な間隔で分布しているため、長期システムと短期システムのどちらにもより多くのウエートが置かれることはない。

## トレンド手法に良し悪しはあるのか

　経験から言えることは、トレンド手法は、市場にトレンドが形成されているときにはすべてうまくいき、トレンドが形成されていないときにはすべて失敗するということである。重要なのはトレンドを見つける手法ではなく、市場なのである。それぞれのトレンド戦略は内部特性に違いがある。例えば、移動平均システムは小さな損失が多く、良いトレードの比率は低い。一方、ブレイクアウトシステムは良いトレードの比率は移動平均システムよりもはるかに高いが、それを達成するために大きな損失を被る。どの特性が最も心地が良いのかを、それぞれのトレーダーは決めなければならない。

　私は個人的にはブレイクアウトシステムのほうが好きだ。なぜなら、ブレイクアウトが発生する（高値または安値の更新）とき、それは何か新しいことが起こったことを意味し、非常にタイムリーに思えるからだ。また、株式市場や先物市場は、たとえトレンドが形成されていても常に一方の方向に進むとは限らない。ブレイクアウトシステムは、n日の高値とn日の安値との間で価格が小刻みに動いてもフラグが立たないためダマシに遭いにくい。一方、移動平均線は価格が横ばいになっても常に上昇し続ける。つまり、価格が反転しなくても手仕舞いしなければならない場合があるということである。

　パフォーマンスの違いを見てみよう。**図4.6**と**図4.7**は、移動平均（MA）システム、ブレイクアウト（BO）システム、線形回帰の傾き

39

図4.6 移動平均、ブレイクアウト、線形回帰の傾きの期間別の米国債券の純利益

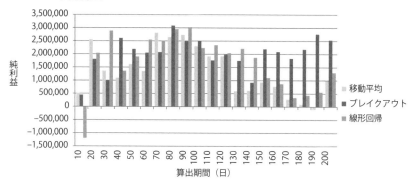

図4.7 移動平均、ブレイクアウト、線形回帰の傾きの期間別の原油の純利益

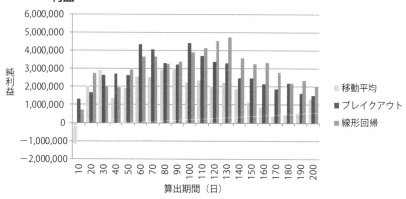

（LRS）システムを使って、米国30年物国債と原油の同じ算出期間にわたる純利益を示したものだ。ルールは以下のとおりである。

●移動平均システムは、移動平均線が上昇したら買い、下落したら売る。
●ブレイクアウトシステムは、高値を更新したら買い、安値を更新したら売る。

●線形回帰の傾きシステムは、傾きが正になったら買い、傾きが負に
　なったら売る。


　いずれの図もパフォーマンスは似たようなパターンを示している。ピ
ークパフォーマンスは真ん中の左寄り辺りに現れ、両端ではリターン
は低い。損失を出したのはそれぞれ１つの検証だけである。

　長期にわたって強気相場が続いている債券の場合、短い期間では結
果はシステムによって大きく異なり、中間の期間では結果はほぼ同じ
で、長い期間ではブレイクアウトが最も良い。理由は、ここでは分析
しない。原油は債券に比べると結果はどのシステムも似たようなもの
で、どのトレンド手法が最も良いのかは分からない。

　これから言えることは、３つのトレンド手法はリスク特性は異なる
が、純利益はほぼ同じであるということである。あなたにとってどれ
が最も良いのかを判断するには、自分で試してみてパフォーマンスを
チェックする必要がある。全体的に見ると、トレンドフォローは多く
のバリエーションがあるため、人気の高い手法だ。ほかの短期戦略と
組み合わせれば、ポートフォリオのリターンの安定性が高まるだろう。

# 第5章

## 少ないほど良い
Less Is More

　トレンドフォローはさておき、短期トレードには大きな利点がある。市場にいる機会が少ないというのも大きな利点の1つだ。

　また、短期トレードはトレンドフォローよりも資産曲線がスムーズである。長期トレンドトレーダーの場合、トレンドは存在しても大きなドローダウンに見舞われる可能性が高く、トレードを保有し続けようと思ったら、大きな損失が出ることもある。しかも、長期にわたって保有してきたトレンドの終わりには、利益の10％から20％、あるいはそれ以上を市場に戻すこともよくある。

　また、短期トレードは勝率が高い。短期トレードの一般的な特徴は、ファストブレイクアウトにしても、値動きのフェーディング（平均回帰）にしても、利益と損失は比較的小さく、利益の出る頻度は損失の出る頻度よりもはるかに多い。おそらくは全トレードの70％以上は勝ちトレードになる。基本的には、多額の利益を市場に戻すことはない。したがって、利益の出る期間は長く、利益も順調に増えていく。

　短期トレードにはもう1つ興味深い利点がある。例えば、あなたの戦略が市場にいる時間が全トレード日の15％しかないのであれば、価格ショックの85％を避けられたことになる。「価格ショック」とは、大きく激しく動く値動きで、大概は不愉快な値動きのことを言う。価格ショックを避けられるのは大きな利点だ。価格ショックを予想するの

43

は不可能で、時には口座が吹き飛んでしまうこともあるため、市場にいないことが価格ショックを避ける唯一現実的な方法である。

日々の不確実性にあまりさらされることなく大きな利益を得ることができれば、そのほうが良いに決まっている。

## ボラティリティはもろ刃の剣

これは今にしてみればそうだった、と思うことかもしれない。ほとんどの場合はそうであるが、私たちは経験から学ぶことができる。経験は1回かぎりのものもあるが、将来に対する貴重な教訓になるものもある。

2008年、金融危機が発生し、すべての市場が反転、多くは下方に反転した（つまり、暴落）。動きは非常に激しく、長く続いた。もし年次ボラティリティの計算に、オプションと同じ標準的な20日の期間を使えば、SPYのボラティリティはほぼ100%になっていただろう（**図5.1**参照）。もちろん、株式の現物価格をオプションプレミアムとして支払う人はいないだろう。ただ期間としてわずか20日を使い、年間ボラティリティをそれから推定しているので、非現実的な値になっているだけだ。しかし、相対的に見れば、2008年のボラティリティは明らかに極端だった。

システマティックトレーダーの多くは、高ボラティリティ＝高利益と解釈する。これは昔は正しかった。高いボラティリティは今でも確かに利益にはつながるが、コストはかなり高くなる。業界がまだ若かったとき、私たちはリスクを見ずに、利益のみを見ていた。大金を稼いでいるときに、だれがリスクなんて気にするだろうか。しかし、ノイズが多く競争の激しい今日の環境ではそれでは通用しない。

賢明な投資家はとったリスクに見合ったリターンを欲しがる。私もそうである。ボラティリティの高い期間は、利益は得ることができる

図5.1　SPYの年次ボラティリティ（%）

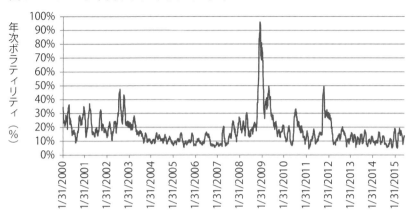

が、そのためのリスクは相当に高くなる。良いトレードではなくなるほどリスクは高くなる。

　これはオーバーフィッティング（過剰最適化）なのだろうか。私は過去のボラティリティを見て、最良と思えるボラティリティのところで手仕舞う、あるいは新たには仕掛けないほうがよいと判断する。しかし、これは将来的にも機能するのだろうか。そう判断することは基本的な問題を解決する。ボラティリティが高いと、リスクも高まる。ボラティリティが非常に高いと、リスクも非常に高くなる。ボラティリティの高いトレードの１つが利益を出さないとすると、あなたはリスクを背負うことになる。自分のお金をトレードしていようと、顧客のお金をトレードしていようと、これは大きな損失につながることもあり、それは消すことのできない汚点になる。

　もっと保守的になろうではないか。トレード機会はたくさんある。自分が傷つくようなトレードをする必要はない。年次ボラティリティの公式を使えば、リスクの高いトレードを自動的に特定することができる。私のシステムは、ボラティリティが50%以上動いたらすぐに手仕

舞う。40％動いたら手仕舞うシステムもある。これについては第11章で詳しく議論する。

## 強気相場はだれもが現実から目をそらしているときに発生する

これは直観に反するように思えるかもしれないが、一般大衆がなぜ市場が上昇しているのかはっきりと分からないかぎり、あるいは市場が下落すると予測したり、経済指標が分かりにくいかぎりは、価格は上昇し続ける。2008年に市場が大暴落したあと反騰し、多かれ少なかれ、2015年の今でも上昇し続けていることを考えてみてほしい。強気相場が始まったとき、投資家たちはそこが本当に底なのかどうか分からなかった。「この上昇はダマシだ。価格は再び底を試すだろう」といった言葉を彼らは信じた。しかし、実際にはこの言葉どおりにはならなかった。しかし、アメリカ経済が上向いてきたなか、ヨーロッパは問題を抱えていた。ポルトガル、アイルランド、スペイン、イタリア、そして今悪名高いギリシャが絶望のふちにあったのだ。1年以上にわたって、どの会話も「伝染」という言葉から始まった。ある1カ国が破綻すれば、あるいはEU（欧州連合）から脱退すれば、ほかの国も破綻したりEUから脱退するのだろうか（**編集部注**　本書の発売は2016年2月で、その後、2016年6月23日にイギリスのEU離脱が決定した）。

しかし、そんなことは起こらず、いつしか話題は、FRB（連邦準備制度理事会）がいつ金利を上げるのかと、それが経済にどんな影響を与えるのかにシフトした。アナリストは金利の上昇は悪いニュースにしかなり得ないと言った。そして今、米ドルが非常に強い。つまり、輸出が打撃を受けるということである。悪いニュースに終わりはないが、それでも株式市場は上昇し続ける。

事が起こったあとでは知っていたかのように思え、理解していると

いう幻想を与えるような回答が必ずある。したがって、私は自分自身の考えに従うことにしている。市場が上昇しているのは、アメリカ経済が世界一強いからである。市場が上昇しているのは、外国投資家が米ドルを買い、株式市場と米国が支持する金利に投資しているからでもある。ドルはまた、多くの国の多くの投資家にとって安全な避難場所でもある。ドルが強くなれば、輸出が打撃を受けることは疑問の余地はないが、私たちの貿易赤字を考えると、米国は輸出よりも輸入のほうが多い。今では安い価格で輸入できるのだから、万々歳ではないか。これは消費者やビジネスにとっては好都合である（彼らが節約できた分を顧客に転嫁しなければなおよい）。しかし、外国所得の多い米国の会社は、ドルが急に強くなったため利益は減少した。これで陰と陽のバランスが再び崩れる。

　過去を説明して、賢い人だと思われる方法はある。しかし、健全なシステマティックアプローチに従う人こそが勝者になれるのだ。トレンドが存在するのは、投資家の間で意見が一致しないからである。もし彼らの意見が一致すれば、価格はすぐに彼らの価格になるはずである。2つの関連する株式間の価格差を説明するのに高度な分析は必要ない。株式市場は長年にわたって上昇してきた。もしあなたがトレンドに従っていれば、ファンダメンタルズを説明することなく、大きな利益を得ることができていただろう。価格差をアーブ（裁定取引）し続け、あなたのプランに上向きバイアスを含めれば、良い数字が期待できるだろう。ファンダメンタルデータを使ってトレードするトレーダーもいるが、システマティックなトレードをファンダメンタルズで確認しようとすれば、多くのトレードを逃すことになる。

# 第6章

# トレンドフォロワーは
# 利食いや損切りは使うな
If You're a Trend Follower, Don't Use Profit-Taking or Stops

　何だって？　損切りは使うな、利食いも使うなだと？　じゃあリスクはどうやってコントロールすればいいんだ？　思いがけない大きな利益が出たらどうするんだ？　これは直観に反するように聞こえるかもしれないが、理由は簡単だ。利食いと損切りは、トレンドフォロー戦略と対立するからである。

　トレンドフォローのメカニズムを考えてみよう。長期トレンドがあったとする。これは金利政策に左右され、動きは非常にゆっくりだ。中央銀行の動きを前にすれば、カタツムリの動きさえ速く思えるほどだ。中央銀行は政策が決まると、それをねちねちとゆっくりと、目標を達成したと思うまで継続して実行する。そのため金利市場のトレンドは非常にゆっくりと動き、長期にわたる。米国金融界の若き天才たちは、金利マーケットが弱気だったことを見たことがない。1980年以降、利回りは多かれ少なかれ下がり続けている。**図6.1**のユーロドルのチャートで見るとこれがよく分かる。

　今の状況を考えてみよう。米国経済は強く、ヨーロッパ経済は弱い。ECB（欧州中央銀行）は量的緩和政策を始めた（先手を取るという意味ではもう少し早く始めたほうがよかったのではないかとあなたは思うかもしれない）。これは、お金がヨーロッパから流出し、そのため金利が下がり、お金が米国に流入することを意味する。このお金は米国

49

### 図6.1　バックアジャストした先物からのユーロドル価格

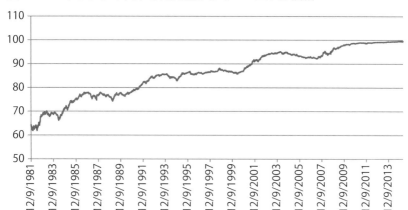

政府の負債（国債など）と株式市場へと流れる。これは、外国人投資家がドルを買うことを意味する。これが進めば、どちらの市場もゆっくりと押し上げられる。だれもがお金を同じ日に動かすわけではない。したがって、このパターンは必ずしもスムーズというわけではない。

　こうした長期的なトレンドは中央銀行の動きに左右される。数字を当てはめれば、40日から250日（2カ月から1年）のトレンドということになる。これよりももっと長いトレンドになることもあるが、トレーダーはこれ以上長いトレンドは気にしない。これを逆から考えてみると、10日から20日のトレンドはないということになる。この時間枠では一方方向に急激な激しい動きがあるのが普通だが、そういった動きは短期のニュースや需要と供給の変化によって発生するものだ。どれくらいの期間続くかは分からず、数日続くものもあれば、1週間以上続くものもある。これをトレンドと呼ぶ人もいるが、私はこれはマーケットノイズと呼んでいる。

　しかし、物事には必ず例外がある。2000年のITの崩壊は金利政策によるものではなく、これによって大きな持続的なトレンドが生まれた。

一般に需要と供給によって（時には、OPEC［石油輸出国機構］の意向によって）変化する原油価格は、40ドルから140ドルに跳ね上がったあと、再び30ドルに戻った。これは大きなトレンドであり、速いトレンドシステムによって最もよくとらえることができる。しかし、例外もある。

こうした長期的な金利トレンドは非常に重要だが、ほかにも需要と供給の不均衡によって発生する大きなトレンドがあり、これもまた利益につながる。それが最も明確に現れたのはエネルギー市場だった。しかし、こうしたトレンドは季節性のある商品や季節性のある株式には定期的に発生する。季節性に基づいたトレンドは毎年繰り返し現れるもので、基本的には１年よりもはるかに短い。事実、株式は四半期ごとの決算発表によるパターンが３カ月ごとに現れるが、これは３カ月ごとのパターンが見られる小麦などの商品の季節性と同じである。

小麦に長期トレンドを適用しようとすれば、季節的な変化ではなくて、米ドルの変化を見なければならない。なぜなら小麦には国際価格があるため、ドルが下がれば小麦価格は上昇し、ドルが上がれば小麦価格は下落するからである。これによって小麦の国際価格は一定に保たれているのである（世界的な供給が一定していると仮定）。

## トレンド戦略のメカニズム

長期にせよ短期にせよ、トレンドシステムは「資本の保全」を目的とするものだ。トレンドがなくなれば小さな損失を被るが、トレンドが同じ方向に続けば、トレードを保持する。長期的にトレンドトレードで利益が出るのは、わずか30％である。利益を得ようと思えば、勝ちトレードは負けトレードよりも平均的にはるかに大きな利益を生まなければならない。

トレンド戦略には、もう１つ重要なポイントがある。トレンドフォ

ロー戦略を使って長期にわたって利益を得るためには、長く続くトレンド——予測できないほど非常に長く続くトレンド——をとらえる必要がある。このような動きを「ファットテール」と言う。ファットテールなくしては、トレンドフォローでお金儲けはできない。

ファットテールは予測不可能だ。金利の30年にわたる下落、1オンス2000ドル近くまで上昇した金価格、原油の上昇と下落、1990年代のITバブル、2008年の金融危機、抵当貸付の甘い基準の結末などは、今振り返って初めて分かることである。

## トレンドを見つけるのは難しくなってきている

1970年代の初期や、1980年代になってからも、さらに1990年代も、トレンドでトレードするのは簡単だった。1960年代にリチャード・ドンチャンが10日移動平均システムを発表した（彼は1974年には5日および20日トレンドシステムを発表した）。それを使ってトレードすれば、お金が本当に儲かった。今やこのシステムはもう機能せず、しかもバカバカしいほどシンプルに思える。当時、このシステムが機能したのは、市場が今とはまったく違っていたからだ。昔はコマーシャルズ（当業者、例えば生産者で在庫をヘッジする）が多く、ピムコの債券ファンドのような私たちが今知っているようなファンドはなく、もちろんETF（上場投資信託）もなく、個人投資家は今よりもはるかに少なかった。

価格が上昇すると、上昇し続けた。なぜなら、ほとんどの人が市場の方向性についての意見が同じだったからだ。新市場（新興国市場）については、今でも同じことが言える。しかし、永遠に上昇し続けるわけではない。売買高が増えると、より多くの投資家を引きつけ、最終的にはファンドやより意欲的なトレーダーを引きつける。しかし、これらはすべてノイズを増やすだけである。なぜなら、意見がそれぞれ

に異なり、時間枠も異なり、目的も違うトレーダーが増えるからである。ノイズが増えれば、1970年代初期のようにトレンドを素早く見つけることは困難になる。それが大きな価格ショックやランダムな動きではなくて、本当にトレンドであることを確認するには時間がかかる。したがって、トレンドに乗るのが遅くなり、手仕舞いも遅くなり、そのため利益は減少する。今でもトレンドは存在し、利益をもたらしてくれるが、以前よりは少なくなった。

## ユーロドルのトレンド

　トレンドの良い例を見つけるには短期金利が最適だ。ここでは例として、世界で最も流動性の高いユーロドル先物を見てみよう（ユーロドルとは米国以外で取引される米ドル通貨のこと。利回りは100から3カ月物LIBORを差し引いたもの）。1981年から2014年までの約35年間、価格は上昇基調にあった（**図6.1**参照）。もちろん細かく見れば、短期間だが利回りが上昇した期間はあった（2003年から2007年にかけて価格が下落）が、35年というスパンで見ればそれは小さな修正にすぎない。

　株式アナリストの好むベンチマークである200日単純移動平均線を使って、2000年1月からの利益をプロットすると、リターンはかなり良いが完璧ではないことが分かる（**図6.2**参照）。2000年から2014年までの15年間を見ると、目標リスクが12％で、平均年次リターンは13.6％だった。インフォメーションレシオ（IR。リターン÷リスク）は1.13とかなり高い。それほど良いとは言えないのではないかと言う前に、同じ期間のSPY（SPDR。S&P500のETF）を見てみよう。SPYのリターンはわずか4.1％で、リスクは20.4％なので、インフォメーションレシオは0.20で、あまり好ましいとは言えない（**図6.3**参照）。しかも、ドローダウンは50％以上である。過去5年間は非常に良い。

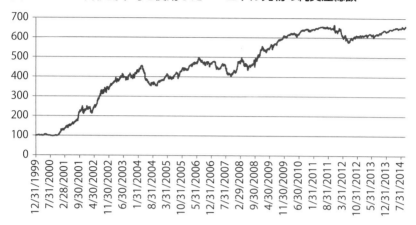

図6.2　200日移動平均を使用したユーロドル先物の純資産総額

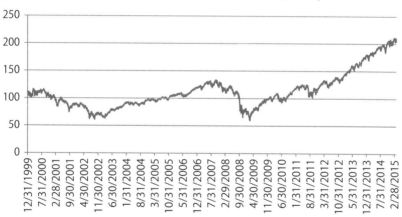

図6.3　2000年1月1日からのSPYの価格（基準値100）

## 損切りはどこに置くか

　もしSPYを実際にトレードしていたら、損切りはどこに置いていただろうか。2008年の損失はできるだけ早く切りたいだろうが、2000年から2002年にかけても価格が緩やかに下落し、同じような損失が出て

いる（**図6.3**参照）。そして、2010年にも再び20％の損失が出た。あなたは損失を10％以下にしたいのか、それとも20％以下にしたいのか。200日移動平均線からリターンを見ると、最大損失はおよそ20％だったことが分かる。移動平均システムの場合、損切りはトレンドが反転するところに置くのが鉄則だ。トレンドに従ったほうがトラブルははるかに少なくて済む。

　例えば、損切りを置く完璧な位置が分かったとしよう。12％がスイートスポットであると、あなたは判断する。大きなドローダウンを避けながら、2010年、あなたは損失を20％から12％にすることができた。しかし、トレンドは依然として上昇している。再び仕掛け直さなければ、ファットテールを逃すおそれがある。価格が上昇し続けているので、今回はそれが正しいだろう。でも、どこで再び仕掛けるべきか。手仕舞ったとき価格は上昇中で、今も上昇し続けているので、トレンドシグナルは使えない。損切りに引っかかったときには常に機能するルールが必要になるが、最初のトレンドのときよりは判断は難しくなるだろう。

　損切りはすべてのシステムで機能しないわけではないが、トレンド戦略で使うのは間違っている。それは長期的利益を犠牲にして、短期的損失を減らそうとするようなものであり、しかも良いトレードの比率は大幅に低下する。移動平均システムでは良いトレードは元々少ない。

## 利食いについて

　利食いは、利が乗っているときにテーブルからお金を引っ込めるようなものだ。利益は得ることができるかもしれないが、トレンドは依然として上昇している。再び仕掛けなければ、ファットテールを逃すおそれがある。そもそも価格はあなたの思惑どおりに動いていたのだ

から。一度手仕舞った場合、再び仕掛けるにはどうすればよいのだろうか。リトレースメント（押しや戻り）を待って、もっと良い価格で仕掛けるのか。しかし、リトレースメントは起こらないかもしれない。そこでまた新たなルールが必要になる――「価格が手仕舞った価格よりも上昇したら再び仕掛ける」。しかし、ある価格で手仕舞って、価格がそれよりも上昇したときに再び仕掛けても、リターンは上昇しない。

　利食いは、リスクを管理するというよりも、利益を管理するものである。損切りと同じように利食いにも役割りがあるが、トレンドフォローでは効果はない。これについては第7章で議論する。

## 押しや戻りで仕掛ける

　自己裁量的にトレードしたいときがある。価格が上昇しているときに買いシグナルが出ても、ほとんどのトレーダーは市場を追いかけたくないはずだ。押しを待つのにはそれなりの理由がある。ただし、どれくらいの押しを待つかは非常に主観的だ。

　アルゴリズムトレーダーは明確なルールを必要とする。そんなルールの1つに、最初の買いシグナルが出ても仕掛けずに、2日の安値を下抜いたら買う、というものがある。これは小さな押しだが、市場の高値を追いかけるのを避けることができる。さらに、ブレイクアウトで買ったり、移動平均シグナルに便乗する群衆からは距離を置き、良い価格を得ることができる。価格が上昇し続ければ、良い価格を逃すこともあるが、そういったことはそれほど頻繁には起こらない。あなたには「3日（あるいは3時間）以内に良い価格が得られなければ、成り行きで仕掛ける」というルールが必要になるだろう。

　手仕舞いにも同じ方法を使うことができるだろうか。できるが、リスクは高まる。個人的には、小さな反転を待って手仕舞ったほうがよいと思う。そのほうが執行価格は良くなるし、手仕舞いするのにほか

56

のシステムとケンカすることもないからだ。しかし、注意すべきこと
がある。ときどき―― ほんのときたまだが―― 押しや戻りを待ってい
ると、行き詰まることがあるということである。行き詰まれば、市場
に多くの含み益を戻すことになる。私が構築した先物ポートフォリオ
では、60の市場のうちの1つの市場で20年以上にわたるデータで1回
だけそんなことがあった。それは日本円の取引で、大きな損失を被っ
た。もしトレンドシグナルに従って手仕舞っていれば、そんなことは
起きなかっただろう。これによって、そのシステムの最終利益に違い
はあったかと言うと、なかった。しかし、トレードを注意深く見てい
れば、それは大きな損失で、愚かに思えただろう。これを顧客に説明
するのは難しい。だから、私は仕掛けには押しや戻りを使うが、手仕
舞いには押しや戻りは使わない。

## どれが最高のトレンドフォローシステムか

おそらくあなたはこれが聞きたいのではないだろうか。3つのよく
使われる手法―― 移動平均、ブレイクアウト、線形回帰―― には違い
があるが、どれが最高なのだろうか。当然のことながら、どの手法も
状況によっては最高になり得る。

トレンドフォローシステムの重要な概念をもう一度見ておこう――
市場にトレンドがあれば、どのトレンド手法も儲かり、市場にトレン
ドがなければ、どのトレンド手法も儲からない。重要なのは手法では
なく、市場なのである。市場を見てポートフォリオを選択するのであ
る。これについては第14章で詳しく議論する。

前述の3つのテクニックは、概念的にも、リスクの扱い方にも違い
がある。

## 移動平均システム

　小さな損失はよく出すが、大きな利益はめったに出ない。小さな損失が積み重なれば、大きな損失になる可能性がある。移動平均線には「特徴」がある――市場が上昇したあと横ばいになっても、移動平均線は上昇し続ける。そして、価格が下落せず横ばい状態であるにもかかわらず、トレンドの変化を示し、そのあと再び上昇を続ける。

## ブレイクアウトシステム

　移動平均システムに比べると信頼性がある。トレードの50％は利益になることが多い。しかし、そのためには大きなリスクをとらなければならない。例えば、40日ブレイクアウトシステムのリスクは、40日の高値と40日の安値の差である。市場ボラティリティが高いとき、リスクはかなり大きくなる。このシステムが成功するかどうかは、ブレイクアウトシグナル（高値の更新で仕掛けを促す）をタイムリーにとらえられるかどうかによって決まる。市場はどの方向にいくのだろうと判断しかねているうちに、価格は反転することもあるからだ。ルールを増やせば、うまくいく市場も増えるだろうが、これでは「ルーズフィットのパンツ」になりかねない。

## 線形回帰システム

　多くのデータ点が観測されたとき、その関係を要約して直線を当てはめることを線形回帰という。これを将来に外挿して、動きがどうなるかを予測する。これは線の傾き（エクセル関数で計算可能）を見れば分かる。パフォーマンスは移動平均とブレイクアウトの中間。

第6章 トレンドフォロワーは利食いや損切りは使うな

　どのトレンド手法を使うかは、リターンというよりも、スタイルと
リスク特性によって決まる。私が最も好んで使うのはブレイクアウト
システムだ。なぜなら、コストが安く（トレード数が少ない）、仕掛け
のポイントを私が理解でき、ダマシのシグナルが少ないからである。し
かし、移動平均システムを使うトレーダーが最も多い。おそらくは、大
きな損失がドカンと出るよりも、小さな損失がちまちま出たほうが彼
らには受け入れやすいからだろう。ただし、小さな損失といえども、積
もり積もれば大きな損失になることを忘れないでほしい。

59

# 第7章

# 短期トレーダーは利食いせよ
Take Your Profit If You're a Short-Term Trader


　前の第6章で述べたように、利食いはマクロトレンドシステムでは
うまくいかない。しかし、利食いは短期トレーダーにとっては非常に
重要だ。また、利食いは損切りとも関係がある。

　利食いは、なぜトレンドフォローではうまくいかないのだろうか。な
ぜなら、利益を限定してしまうと、ファットテール（非常に大きな利
益）を逃してしまうからである。これについては第6章で述べた。し
かし、短期トレードにはファットテールはない。短期トレードでは、小
さな利益と小さな損失しかない。実際にはそれらのほとんどはノイズ
である。トレンドフォローは長期システムであり、トレンドは短期で
は存在しないと私は思っている。数日間の動きでトレンドの始まりを
判断したとしても、マーケットノイズのほうが圧倒的に大きい。それ
が本当のトレンドだと認識できるのは、それがノイズではないことが
分かったあとである。数日間、あるいは1～2週間は、トレンドとノ
イズの区別はつかない。真のトレンドであると判断がつくのは、トレ
ンドが継続したずっとあとになってからである。2008年から下落し続
け、底を付けたときのSPYを見てみよう（**図7.1**参照）。

　客観的に見ていこう。2009年の年頭はまだ下落し続けており、数日
でさらに15％下落し、1月20日におよそ70で底を付けた。価格が上げ
て引けたという理由だけで、あなたは翌日（1月21日）に買うだろう

61

**図7.1　金融危機に底を付けたSPY**

か。おそらくはそんなことはしないだろう。そのあと、また22％下落して、77から３月９日には60になった。あなたは翌日の反転で買うだろうか。１月21日に買わなかったのであれば、３月10日にも買わないだろう。価格は翌日の３月10日に上昇する。もしあなたがテクニカルアナリストなら、買う最初の位置は77か、82（２つの最も近いレジスタンス）をブレイクしたときだろう。しかし、これらのレジスタンスは短期的なもので、確立された水準ではない。したがって、買いポジションを取るにはアグレッシブになる必要がある。これまでこのアプローチを使ってトレードしていれば、トレード資金は底をついただろう。今、価格はこれら２つの水準の間で横ばいになっている。ここに来て、これら２つの水準の重要さがようやく分かる。今、あなたは何をすべきだろうか。底を付けたかどうかはまだ分からないため、長く険しい下落が続いたあと、そこが大底だと判断するのは容易なことではない。

図7.2 原油の現物価格(日足)

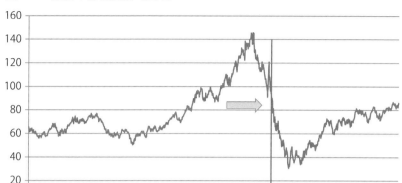

## トレンドフォロワーにとって悪いことは短期トレーダーにとっては良いこと

　時間枠を長期から短期に変えると、つまり週足から日足へ、あるいは日足から5分足に変えると、価格チャートはランダムな動きに見えてくる。短期の時間枠では、価格には小さな動きがたくさん現れ、それぞれの動きが買いや売りを表している。一歩後ろに下がって全体像を見ると、トレンドが現れてくる。データが少ないと、価格ノイズによってトレンドを見つけるのは難しくなる。一方、短期トレーダーはランダムな動きを有利に使うことができる。

　**図7.2**は原油の日足チャートを示したものだ。2008年9月から2008年の終わりにかけて価格は大きく下落している。これをトレンドではないという人はいないだろう。**図7.3**は2008年10月1日から2008年10月3日までの3日間の原油価格を示したものだ。これは**図7.2**の矢印で示した部分を拡大したものだ。長期チャートを見ると、価格は急落しているように見え、大きな下落トレンドのように思えるが、実際に

図7.3 原油価格の20分足チャート（2008/10/1〜2008/10/3）

は一律に下落しているわけではない。細かく見ると、上下動があり、一方的に上昇や下落をしているわけではない。

　ノイズを考えると、価格が次の何本かの足にわたって一方向に動くことを期待することはできない。短期トレーダーなら、あなたの考えている方向に平均以上の動きがあれば、反転が予想されるので、少なくとも一部は利食いすべきということになる。つまり、利食いは短期トレーダーにとっては好ましくても、長期トレンドフォロワーにとっては好ましくないのである。

　私たちはできるだけ大きな動きをとらえたいと思っているが、どれくらいの動きになるのかは分からない。利益目標を測定する最良の方法は、ATR（真の値幅の平均）の倍数を取ることである。ATRは日々の高値と安値の差の平均に似ているが、寄り付きのギャップ（もしあれば）が含まれる点が異なる。短期トレードの場合、仕掛け価格から2ATR〜3ATRが利益目標としてはふさわしい。1つの数字だけに頼るべきではないという私たちの哲学に従えば、例えば、1.5ATR、2ATR、4ATRといった具合に3つの利益目標を定めるのがよい。これは、平均すれば2.5ATRになる。3つの水準を決めるメリットは、3つの水

準のうち少なくとも1つは達成する可能性があれば、達成した利益水準のイクスポージャーとリスクを減少できる点である。2つの水準を達成できれば、利益が損失に変わる可能性は極めて低い。これは追加的分散化と考えるとよい。

利益目標をとらえるには、指値注文を使うことが重要だ。たとえあなたが正しくても、価格は長くそこにとどまることはないからである。

## 損切りはトレンドフォローでは使えなくても、短期トレードでは使えるのか

損切りについてはどうだろう。損切りは逆指値注文として入れるべきなのだろうか。逆指値注文とは、ある価格以下になったら売り、ある価格以上になったら買う注文で、「成り行き注文」として処理される。価格はその方向に動き続けることはないので、価格が一定の水準に到達したらすぐに利食いするという利食いのロジックを逆から考えると、価格は反転するだろうから損切り水準では手仕舞いせずに、損切り水準がどこに置かれているかを知り、それを抜けるまで待ちたい、ということになる。それが日中の損切りなら、引けで手仕舞う。これはリスクに対するイクスポージャーが増しているように思えるかもしれないが、短期のマーケットノイズをよりうまく利用していることになる。

私は損切りはあまり好きではない。なぜなら、損切りは基本となる戦略に干渉するうえ、あなたがどれくらいの損失に耐えられるかに基づくことが多く、システムの勝率がどれくらい必要であるかはあまり勘案されていないからである。短期トレードは数が多いため、損をしても次のトレードで埋め合わせすればよい。

平均回帰戦略やアービトラージ戦略の場合、少ない利益が多く、大きな損失も少ない。損切りを置けば、小さな勝ちトレードのパーセンテージが減少するため、バランスが崩れてしまう。損切りを置けば、利

益の出るシステムを負けるシステムに変えてしまうこともある。

　一般に、システムのリスクがあなたが心地良く感じる水準よりも大きい場合、ポジションは小さくするのがよい。人工的なリスクコントロールを加えてはならない。

## 物事には必ず例外がある

　損切りが必要な例としてはペアトレードが挙げられる。これはよく知られた株式アービトラージの一種である。例えば、ファイザーとメルクといった2つの似たような銘柄を選び、価格差が普段よりも拡大するのを待つ。これは、2つの価格の比率の標準偏差を見ればよい。価格差が拡大したら、安いほう（ファイザー）を買い、高いほう（メルク）を売る。そして、価格の比率（平均比率）が元に戻るまでポジションを保有する。

　しかし、ファイザーが多くの人々に害を与える薬を発売したとして政府に訴えられたら、どうなるだろうか。ファイザーの株価は下落する。この場合でもファイザーを買って（メルクを売って）いることになるだろう。しかし、ファイザー株は係争中であるゆえに下落したのだから、システム上は買いが出ていても、そのポジションはプロテクトされていないことになる。したがってこの場合、損切りを仕掛け価格の10％から20％下に置く必要がある。損切りは、何かが間違っていても取り返しがつくように仕掛け価格から十分離さなければならないが、大きな損失を防ぐためには仕掛け価格からそれほど離してはならない。10％から20％というのはそういった条件を満たす水準である。

　システムに自然に発動する損切りが備わっている場合、ファイザーの例で使ったようなプロテクティブストップは使ってはならない。トレンドフォローの場合、損切りを置くのはトレンドが方向転換したときである。典型的なダイバージェンスパターンでは、ダイバージェン

スが消滅したときが手仕舞いするときである。リスクが大きい場合、小さなポジションをトレードすること。ただし、システムには従わなければならない。

# 第8章

# 完璧なシステムを求めて
Searching for the Perfect System

　完璧なシステムとは、どういうシステムを言うのだろうか。そして、それはどうすれば見つけられるのだろうか。利益だけを出し、損失を出さない戦略がないかぎり、完璧なシステムが見つかったと言う人はいないだろう。しかし、そんなシステムが見つかるとは思えない。

　何年も前のことになるが、良いパフォーマンスが続いていたとき、つまり多くの利益が出て、損失は若干は出るが小さいとき、私たちの顧客の１人が電話をかけてきて、「もし損失がまったく出ないのだったら、利益は少し減ってもいいから」と言った。なかなか良い考えではあるが、私たちは「そうなるかどうかは分かりません」と答えた。

　トレーダーはそれぞれにリスクに対する許容量が異なるため、彼らの不安を最小化するような手法を見つける必要がある。私は、不安は潜在的利益よりも重要だと思っている。プログラムを途中であきらめてしまえば、利益を得ることはできない。利益を手にするには、そのプログラムとトコトン付き合うことが重要だ。

　現実的になろう。最良のシステムを見つけるにはバックテストする必要がある。アルゴリズムトレーダーの場合、ルールをプログラミングして、検証することができる。システマティックトレーダー（自由裁量的だが、明確なルールはある）の場合、過去のシナリオを見て手法を確認する。これは科学的とは言えないが、これがあなたにできる

ベストなことだろう。

　バックテストの目的はただ1つ── あなたのアイデアを確認することである。そのための最良の方法は、過去のパフォーマンスを見ることである。過去のパフォーマンスが悪いシステムで、トレードする必要があるだろうか。また、過去にうまくいったからと言って、将来的にもうまくいく保証はないが、少なくとも過去の値動きであなたのアイデアがうまくいくことを確認する必要はある。

　これまでに議論してきたことをまとめてみよう。


●健全な前提から始めよ。金利政策や季節性など、基本的に意味のあるものに基づくアイデアや概念が必要。

●時間枠（長期、短期）やデータ頻度（15分足、日足、週足など）など、あなたの概念に合うパラメーターの範囲を決める。

●あなたが期待するものを事前に決めておく。あなたは、多くの小さな利益と少ない大きな損失を期待しているのか、少ない大きな利益と多くの小さな損失を期待しているのか、それともその中間を期待しているのか。合併アービトラージのように年次リターン6％を期待しているのか、それともレバレッジのかかった先物のように20％の年次リターンを期待しているのか。

●どの市場で機能すべきなのか。それが金利政策に基づく長期トレンドシステムなら、長期金利の市場で機能しなければならないし、短期の平均回帰アプローチなら、ノイズの多い株価指数市場、あるいは動きが速く価格の安い個別株式で機能しなければならない。アップルといった具合に1つの銘柄だけをトレードするつもりでも、同じ特徴を持つほかの会社はないだろうか、あるいは、グーグル、マイクロソフト、アマゾンのように、一時期同じような特徴を持っていた会社はないだろうかを考える必要がある。1市場だけを検証するのはリスクが高い。なぜなら現実のイベントを十分に含んでいな

70

いからである。

## 結果を見る

アイデアをスプレッドシートや検証用プラットフォームにプログラミングし、一連の検証を行う。コストは現実的なコストを使うものとする。すると次のような結果が得られた。

①パラメーターやルールをどのように組み合わせても利益が出る。このような場合は、検証に間違いがあった可能性が高い。例えば、今日のデータを使って昨日のパフォーマンスを予測したというようなことはやっていないだろうか。これほど良いシステムはあり得ない。

②パラメーターやルールをどのように組み合わせても損失ばかり出る。このような場合は、コストが高すぎるか、ルールに間違いがあることが多い。しかし、値動きがあなたの予想と反対方向に動くこともあり得る。これは良いニュースだ。

③１つ１つの検証では利益が出るが、全体的には純損失になる（これはよくある）。

④大部分の検証では利益が出るが、結果がそれぞれに大きく異なる。ものすごく大きな利益が出る場合もあれば、かろうじてトントンの場合もある。大きな利益は集中しており、両端に行くほど少なくなる、起伏地図のようなものが最も好ましい（こんな結果が得られれば万々歳だ）。

上記の４つの結果のなかで最も良いのは最後の④のケースである。中程度のトレンドから長いトレンドのように幅広い値幅のトレンドで利益を上げたのは、長期トレンドフォローだけだった。プロのマネジャーが長期トレンドフォローを使いたがるのはこのためだ。しかし、自

分の戦略を理解し、正しい期待値を定めれば、検証したパラメーターの多くで利益を出すことが可能だ。

　まず、③を見てみよう。1000の組み合わせを検証したところ、検証番号600から800はトレードするにふさわしい良い結果が出た。ほかの検証はトントンか損失が出た。「600から800がスイートスポットってことか」とあなたは自問する。その可能性もあるが、そうでない可能性もある。パラメーターの範囲とルールは事前に決めた。検証の20％で利益が出ても、それでは十分に良いとは言えない。あるいは、あちこちでランダムに利益が出ても、良いとは言えない。極端なケースを言えば、1000の組み合わせを検証して、そのうちの999は損失が出て、1つの検証だけで利益が出たとしよう。これで成功したと言えるだろうか。私はそうは思わない。

　次に④を見てみよう。多くの検証で利益が出たのも良いが、利益が1カ所に集中しているのも良い。すべての検証で大きな利益を望むのは望みすぎだ。結果を年次ベースで見ると、最良のパフォーマンスは、値動きやトレンドによってあちこちで発生するだろう。強いトレンドがあるときはゆっくりとトレードし、価格の反転が多く発生するときは、算出期間を短くするのが良い。

## どれくらいのデータがあれば、またどれくらいのトレードを行えば十分と言えるのか

　これまでにも述べたように、データは多いほうが良い。また、データには強気相場、弱気相場、横ばい相場が含まれていなければならない。データが多ければ、パターンや価格ショックも多く発生するため、将来の結果は、完璧ではないにしても、ある程度予想することができる。

　どれくらいの数のトレードを検証すべきかもまた重要だ。この場合

も、検証するトレードの数が多いほど良い。短期トレーダーの場合は
これは簡単だ。１つのトレードの保有期間が３日以下なら、年間に40
回トレードでき、市場には120日間（１年の半分）参入することになる。
10年分のデータで検証を行えば、400回のトレードを検証できる。サン
プリング誤差の公式（１÷トレード数の平方根）によれば、誤差率は
５％である。５％はぎりぎり許容できる信頼水準なので、本当は５％
よりも小さいほうが好ましい。

　トレンドフォローの場合、問題がある。10年分のデータで200日移動
平均を使った場合、１年に５回トレードできればラッキーなほうだ。10
年分のデータでは50回トレードできるので、サンプリング誤差は14％
になる。これはあまり良い数字とは言えない。先物の場合、ほとんど
の市場のデータが1990年から取れるが、株式の場合は過去15年分のデ
ータしか取れない。１年に５回トレードを行った場合、すべてのデー
タを使えばサンプリング誤差は11％に減少する。

　低い信頼水準に基づく結果を受け入れることは、バカげたことにほ
かならない。トレンドが金利政策と需要・供給ファクターに基づくと
信じる長期トレンドフォロワーの場合、それほどやみくもに信じると
いうことにはならないかもしれないが、年に数回しか起こらないよう
な特別なことを求めるパターントレーダーの場合、トレード数が少な
いと問題を抱えることになる。このようなプログラムの場合、アウト
オブサンプルデータを使うかつもり売買をする以外に、結果を確認し
て損失を避ける方法はない。


## どのパラメーター値を使えばよいのか


　毎年良いパフォーマンスを上げるのに、たとえそれが長期的に最良
の結果を示していたとしても、１つのパラメーターの組だけを使うの
は危険だ。それは現実的とは言えない。パラメーターの組を１つしか

選ばないというのは、１つの銘柄しかトレードしないのと同じことである。最大リターンが得られる可能性がある一方で、最大損失を被る可能性もある。異なる２つの銘柄をトレードすることで、平均リターンが得られるし、リスクも少なくなる。

　パラメーターの選択もこれと同じだ。トレンドの算出期間が１つしかないシステムでトレードすれば、大きな勝者になるか大きな敗者になるかのいずれかである。同じシステムでも、２つの時間枠（例えば、40日のトレンドと80日のトレンド）を設定すれば、結果は平滑化される。さらに、３つか、４つのパラメーターの組み合わせを使えば、リターンはもっと安定する。これについては詳しくは次の第９章で議論する。

# 第9章

# 機会均等トレード
Equal Opportunity Trading

　すべての条件が同じなら、分散化とリスク管理はビッグプレーヤーよりも個人投資家のほうがうまくいく。なぜなら、資本が少ないので管理が簡単だからである。リスクはしっかりと管理する必要がある。リスク管理を怠れば、投資に壊滅的な結果をもたらす可能性もある。

　ED&Fマンのように莫大な運用資産を持つヘッジファンドは分散化は非常に難しい。市場の流動性による制約があるうえ、リスクを効果的に分散化するには現物市場で取引するしかないからだ。こうした会社では、分散化は限定的だ。

　ヘッジファンドではない私たちがリスクを適正にコントロールするには、ポジションのリスクを均等にする必要がある。重要なのは、同じリワードを期待するのではなく、リスク・リワードの組み合わせでもなく、リスクを均等にすることである。重要なのはリスクである。目的は、各トレードがリターンに貢献する機会を均等にすることである。利益が稼げる可能性が高いと思う銘柄に対するイクスポージャーが２倍なら、平均の２倍のリターンを稼げなければならない。そうでなければ、リスクが増加するだけである。

　期待リターンの大きい順に銘柄を選ぶのは非常に危険だ。たとえスターマインのようなよく知られた格付けサービスを使っていてもである。トップ５やトップ10の高格付けされた銘柄のうち、どれが翌週、あ

75

るいは次のトレードで最も高いリターンを上げるかを予想できるだろうか。できるはずがない。したがって、リスクを均等にすることがより安全で簡単な方法なのである。

## ポジションサイズの計算

ポジションサイズを計算するのはそれほど難しくはない。株式トレーダーの場合、まず全投資額をあなたがトレードする銘柄数で割る。例えば、投資額が10万ドルで、トレードする銘柄数が10であれば、それぞれのトレードの投資額は1万ドルになる（10万ドル÷10＝1万ドル）。ロケットサイエンスなど、一切無用だ。そして、1万ドルをその株価で割るとポジションサイズが算出できる。この方法は完璧とは言えない。一般に株価の高い銘柄は値動きが大きいため、この方法はポジションを均等ドルリスクに調整する少し乱暴なやり方だ。

## 低位株は避けよ

厳密に言えば、値嵩株は低位株よりもトレーディングレンジが大きい。しかし、これはパーセンテージでの話ではない。価格が下がると日々のパーセンテージボラティリティは若干上昇する傾向がある。しかし、会社の抱える問題によって株価が通常の価格から非常に低くなると、ボラティリティは上昇する。株価が30ドルから5ドルに下がったような銘柄のポジションサイジングは不可能で、こんな銘柄はポートフォリオに組み入れてはならない。ボラティリティが高すぎるからだ。最も簡単なのは、株価が5ドルより安くなった銘柄はポートフォリオから除くことである。これについては詳しくは第13章で議論する。

第9章　機会均等トレード

# ボラティリティでの調整は株式ポートフォリオには不適切

　先物のように、株式のポジションサイズをボラティリティで調整できれば、それに越したことはないだろう。先物はいろいろな大きさのレバレッジが使え、投資額の大部分を損失を吸収するのに取っておくことができる。しかし、株式の場合、ボラティリティの低い銘柄が1つ含まれれば、ボラティリティをほかの銘柄に合わせるためには、1万ドル以上（前述の例）を割り当てなければならなくなる。これはつまり投資額を増やさなければならないことを意味する。ほかの株式がボラティリティの低い株式と同じボラティリティになるように、ほかの株式のポジションサイズを減らすこともできるが、そうなると投資額のすべてを使わないことになり、リターンは低くなる。これはジレンマだ。私の経験から言えば、このような場合、均等投資額を株価で割ってポジションサイズを算出するのがよい。

## 先物のリスク

　先物ではボラティリティパリティーというものが使える。ボラティリティ（リスク）を計算するには、日々の価格の20日ATR（真の値幅の平均）を求めればよい。まず最初に、各市場に任意の投資額（例えば、2万5000ドル）を割り当て、その投資額をボラティリティのドル価で割る。ボラティリティの低い市場（通常は、金利市場）のサイズは大きくなり、ボラティリティの高い市場（株価指数市場や原油市場）のサイズは小さくなる。このポジションサイズを実際の投資額に合わせて同じ比率で上げ下げする。

　例を見てみよう。一市場当たりの投資額を2万5000ドルとして、先物のポジションサイズを計算する。例えば、今の原油市場では5枚と

77

いうポジションサイズになる。トレードする市場は全部で10市場だ（つまり、投資額は全部で25万ドル必要になる）。しかし25万ドルのうち、実際に投資するのは10万ドル（総資金の40％）のみとする（残りは保留）。この場合、取るポジションサイズは総資金の40％になり、原油市場の場合は5枚ではなく2枚ということになる。

## 目標リスク

「目標リスク」とはあなたがとろうとするリスク量のことを言う。これは絶対数ではないため、投資家によっては難しく感じることもあるだろう。これは先物トレードで使われることが多い。例えば、投資額が10万ドルで、2万ドルの損失（10万ドルの20％）を許容するとする。しかし、リターンを最大化し、20％を超える損失を出さないようにできるかどうかは確率の問題である。とはいえ、これはそれほど複雑ではない。

まずは、以前計算したように、ポジションサイズに基づいて、どれくらいのリスクがあるかを求める必要がある。次に、スプレッドシート（**表9.1**参照）を使って、日付を最初の列に入力し、そのほかの列にはあなたがトレードしている各市場の日々のリターンを、割り当てた枚数を使って算出し、それを入力する。SPYを使って説明しよう。

列Aと列Bには、日付と終値を入力する。日々のリターン（B3÷B2－1）を計算してC3に入力する。この数式をC列のすべてのセルにコピーする。20日ボラティリティを求めるには、セルD22に「STDEV(C3:C22)*SQRT(252)」と入力して、すべてのセルにコピーする。D列をプロットすると、ボラティリティが得られる。ポートフォリオのリターンでこれを行うと、あなたのトレードの20日ボラティリティが得られる。**表9.1**ではボラティリティは8.7％からスタートし、わずか18日で13.7％まで上昇している。

日々の損益は、パーセンテージリターンではなくて、ドル価で得られる。スプレッドシートのF列は、任意の1日に保有するSPYの枚数を示している。その日の損益は、「枚数×（今日の価格－前日の価格）」で計算できる。得られた数値をG列に入力する。年次リスクは、20日間の日々の損益だけでなく、すべての日の損益を使って計算する。

例えば、あなたの年次リスクが2040ドルだとしよう。これはG列の最後に表示してある。目標リスクが12％だとすると、2040を0.12で割る（＝1万7000ドル）。つまり、目標リスクの12％を達成するには、1万7000ドル投資する必要があるということである。10万ドル持っているとすると、現在のポートフォリオのリスクは「2040÷100000＝2％」になる。目標ボラティリティを達成するには、ポジションサイズを5.88（10万÷1万7000）倍に増やす必要がある。株式の場合、流動性の確認をすること。

## ポートフォリオのリターンを計算する

パーセンテージリターンからNAV（基準価額）を求めたものが**表9.1**のE列である。あなたのポートフォリオでは、日々の損益（G列）を投資額で割って日々のリターンを求める。引き続きSPYを使って説明しよう。

E2の初期値は100とする。次にE3を計算する「E2*（1＋C2）」（E2は前日のNAVで、C2は現在のリターン）。この公式をE列のすべてのセルにコピーする。これでNAVをプロットすることができる。

全部で500行あるとすると、年次リターン（AROR）は次式によって求めることができる。

年次リターン＝（E500/E2）^（252/年数）－1

表9.1 ARORとボラティリティとインフォメーションレシオの計算

| A 日付 | B SPY | C リターン | D ボラティリティ | E NAV | F 株数 | G 利益（ドル） |
|---|---|---|---|---|---|---|
| 3/6/2015 | 206.58 | −0.01403 | 0.087860 | 186.1752 | 48 | −140.32 |
| 3/9/2015 | 207.43 | 0.00411 | 0.088037 | 186.9412 | 48 | 41.15 |
| 3/10/2015 | 204.07 | −0.01620 | 0.105292 | 183.9131 | 49 | −161.98 |
| 3/11/2015 | 203.59 | −0.00235 | 0.097876 | 183.4805 | 49 | −23.52 |
| 3/12/2015 | 206.18 | 0.01272 | 0.108623 | 185.8147 | 49 | 127.22 |
| 3/13/2015 | 204.92 | −0.00611 | 0.104554 | 184.6792 | 49 | −61.11 |
| 3/16/2015 | 207.65 | 0.01332 | 0.114800 | 187.1395 | 48 | 133.22 |
| 3/17/2015 | 207.04 | −0.00294 | 0.114958 | 186.5898 | 48 | −29.38 |
| 3/18/2015 | 209.52 | 0.01198 | 0.123202 | 188.8248 | 48 | 119.78 |

| | | | | | | |
|---|---|---|---|---|---|---|
| 3/19/2015 | 208.57 | −0.00453 | 0.124280 | 187.9686 | 48 | −45.34 |
| 3/20/2015 | 210.41 | 0.00882 | 0.126509 | 189.6269 | 48 | 88.22 |
| 3/23/2015 | 210.00 | −0.00195 | 0.126709 | 189.2574 | 48 | −19.49 |
| 3/24/2015 | 208.82 | −0.00562 | 0.127714 | 188.1939 | 48 | −56.19 |
| 3/25/2015 | 205.76 | −0.01465 | 0.137315 | 185.4362 | 49 | −146.54 |
| 3/26/2015 | 205.27 | −0.00238 | 0.137385 | 184.9946 | 49 | −23.81 |
| 3/27/2015 | 205.74 | 0.00229 | 0.137660 | 185.4182 | 49 | 22.90 |

ボラティリティ » 0.204

AROR » 0.041
インフォメーションレシオ » 0.203

2,040
17,000

ただし、E500は最後のNAV、E2は最初のNAV（通常は100）、年数は小数で表された年数（例えば、2 1/2年は2.5年）。2000年1月1日からのSPYデータを使えば、年次リターンは4.1％になる。自分で確かめてみよう。これはいろいろと役立つはずだ。

## ポートフォリオのリスクを決める

プロが運用している先物口座の目標ボラティリティは通常12％である。これは、1年で12％を超えて損失を出す可能性が16％あることを意味する。

16％という数値は1標準偏差の分布から得られたものである。1標準偏差は、およそ68％のデータが含まれることを意味する（ベルカーブの真ん中辺りのデータ）。したがって、その両側にはそれぞれ16％のデータが含まれることになる。しかし、私たちが興味があるのは左側（損失）だけである。これはまた、12％を超える利益が出る確率が16％あることも意味する。データはベルカーブのような分布にはならないのが普通で、金融アナリストはこれをリスクを表す方法として使う。シンプルなほうがよい。少なくともシンプルなほうが便利だ。

もっとアグレッシブな人は、目標を14％や16％にするが、それ以上高くすることはない。保守的な人は、10％か8％にするが、それよりも低くすることはほとんどない。現在のボラティリティが18％で、あなたの目標値が10％だとすると、ポジションサイズを10/18倍に少なくするか、投資額を18/10倍に多くすればよい。

先物の場合、12％の目標ボラティリティはおよそ12：1のレバレッジを意味する。

もう1つ重要なことは、ポートフォリオのボラティリティはときどき上方修正したり、下方修正する必要があるということである。ポートフォリオに含まれる市場がすべて静かなとき、ポジションを目標ボ

ラティリティに合わせて増やす必要がある。良いパフォーマンスはボラティリティが低いときに発生することが多いが、ボラティリティが低いとリターンも低くなる。したがって、先物ポートフォリオのすべてのポジションを均等に増やすことで、長期的なパフォーマンスをあなたの目標リスクを上回ることなく、大幅に向上させることができる。レバレッジを上げなければ、アンダーパフォームすることになる。

　レバレッジを変えるとき、小刻みに調整してはならない。なぜなら、トレードコストが不必要に高くなるからだ。ボラティリティが10％、あるいは20％変動するまで待ってから枚数を増やしたり減らしたりすることが重要だ。単純に1カ月に1回調整するだけでも、まったくやらないよりはマシだ。

## 複数の戦略を持つことが重要

　リスクコントロールでは、複数の市場間で分散するよりも2つ以上の戦略で分散することが重要だ。2008年を振り返ると、重要な教訓が得られる。2008年から2009年にかけての金融危機真っ最中のとき、みんなが手仕舞いに走った。買っている人は売り、売っている人は買い戻した。金や銀といった実物商品を持っている人は、損失をカバーするために売った。したがって、すべてが一斉に反転した。統計学的に言えば、すべての相関が1になったということである。つまり、すべてが一斉に同じ方向に動いたということである。実際、全員が一斉にドテンした。

　分散化を行う安全な方法は、複数の戦略を用いることである。例えば、長期トレンドシステムと短期平均回帰システムを持っているとすると、これらのシステムがほとんどの時間帯で異なるポジションを持つということになる。しかし、いつもというわけではない。ランダムなコイン投げでも、2つのコインがどちらも表か裏になる確率は25％

ある。買いのみをトレードしている場合、分散化率は低減する。1つの手法を使って株式だけか、先物だけをトレードするよりも、いろいろなシステムを使ったほうがよい。

戦略の分散化を市場の分散化と同じように考えてみよう。1つの銘柄のみをトレードする場合、最大のリターンが得られる可能性もあるが、最大の損失になる可能性もある。2つの銘柄をトレードする場合はどうだろう。リターンは平均化され、リスクも減少する。リスクを低減できるかどうかは、2つの銘柄に対するシグナルがどれくらい違うかによる。ヒューレットパッカードとデルをトレードしても大した分散化にはならないが、ジェネラルエレクトリックとフェイスブックをトレードすれば大きな分散化につながる。

分散化のマジックナンバーは4だ。例えば、すでに4つの異なる戦略を持っているとすると、それ以上の分散化の効果は限定的だ。つまり、5つ目の戦略を加えても、たとえその戦略が独特な戦略だとしても、20％しか改善されないということである。最大の改善が得られるのは、最初の3つ、あるいは4つの戦略のなかでである。

## 機関投資家にとってはそれほど簡単ではない

ほとんどの人はどのトレードにも均一のリスクを割り当てることができるが、どの市場にも同じ投資額を割り当てるのは機関トレーダーにとっては問題になる。例えば、ポジションサイズを日々の出来高の3％に維持しようとしても、すべての株式が同じサイズの投資額を処理できるわけではない。VWAP（出来高加重平均価格）を使っても、あるいは複数の日にわたって仕掛けても、流動性の制約にぶつかってしまう。

ポジションサイズが大きすぎることが本当に分かるのは手仕舞いするときである。なぜなら、悪いポジションは急いで手仕舞いしようと

第9章　機会均等トレード

するからだ。仕掛けるときには巧みなタイミングルールを用いることができるが、古いことわざにもあるように、「仕掛けるときにはお金を払わなかったが、手仕舞いするときにはどこでお金を払えばいいのか」ということになる。機関投資家はできるだけ多くの市場に参入して流動性を補おうとするが、個人投資家はこういった問題とは無縁だ。

## 良いことが多すぎると悪くなることもある

　理論的には、分散化するほどリスクは低くなる。しかし、分散化するとリターンは低下する。なぜなら、リターンはあなたがトレードしているものすべての平均になるからだ。多くの株式間で、あるいは多くの先物市場間で分散化するのは、次に大きな利益を生むものが何になるのか分からないから、できるだけ多くの市場をトレードしようということである。しかし、これは正しくもあり、間違いでもある。

　トレンドフォロワーの場合、市場はトレンド相場にならないこともある。平均回帰トレーダーの場合、市場がトレンド相場になることもある。これはどちらも最悪だ。もしこういったことが長く続けば、資産は着実に減少するだろう。しかし、何百という株式や何十という先物市場のなかには、あなたのトレード手法がうまくいくものもある。利益の出るものだけを選び、利益の出ないものは無視する。そんなことは可能だろうか。そんなことは無理だろう。

　小さな事例で説明したほうが納得してもらえると思うので、小さな実例でこれを説明しよう。例えば、あなたは6つのセクター（金利、株価指数、FX、エネルギー、金属、農産物）で構成された先物ポートフォリオを持っているとしよう。これらのグループのうち、あるグループがほかのグループよりもパフォーマンスが良いということはあるだろうか。もちろんある。では、あるグループがほかのグループよりもパフォーマンスが非常に悪いということはあるだろうか。これもももち

図9.1　銀と金と現物価格

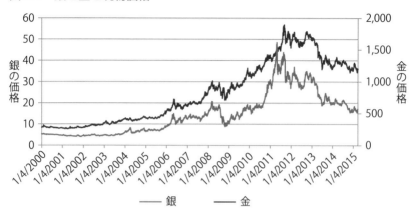

図9.2　金価格と銀価格の比率

ろんある。銀はどうだろうか。私の考えでは、銀は貧しい人にとって価値のあるものだ。金が2000ドルになったとき、銀は大幅な遅れを取っていた。しかし、下落するときは金と同じように下落した。**図9.1**を見ると、銀は金に追随していることが分かるが、**図9.2**の金と銀の比率を見ると、この関係は不安定であることが分かる。一時期は金と銀の比率は33：1に近づいたこともある。今は60：1なので、銀の価

値はそのときの半分に下落している。この関係は不規則に変化している。銀のトレードで長期にわたって利益の出るシステムを、私は知らない。

　もし銀を分散化ポートフォリオから除くことができれば、平均リターンは上昇するだろう。もちろん、分散化率は減少するが、損失だけに貢献するものを除くだけなのだから、大きな影響はない。損失を出す資産を追加してポートフォリオのリターンが改善されるような例は、学術的な例しか知らない。

　そこで、パフォーマンスの悪い市場、つまり「確実に悪い」市場をポートフォリオから除くことにする。これで結果は改善される。良いパフォーマンスが続けば、つまり、パフォーマンスの良い株式や債券がこのまま良いパフォーマンスを続ければ、ポートフォリオの選択に使えるツールを手に入れたことになる。

　過剰分散化という問題もある。ある時点まで行くと、市場を増やしてもリターンはそれほど増えなくなる。これによって期待リターンは望ましくない水準にまで低下するおそれがある。システムや市場を増やす必要がなければ、増やさないほうがよい。

　本章は均等リスクについて述べてきた。ポートフォリオの選択については詳しくは第14章で議論する。

# 第10章

## 検証──重大な選択
Testing – The Fork in the Road

　検証（テスト）についてはすでに述べたが、一般論を述べただけである。本章ではもっと具体的に見ていくことにしよう。

　検証は必要悪だ。したがって、検証の良い点と悪い点を知っておく必要がある。成功するか、あるいは良いアイデアを失敗に終わらせるかは開発段階で決まる。正しく検証できるのは、すべてが明確なルールで規定されたシステマティックなトレーダーだけである。アイデアをスプレッドシートにまとめたり、トレードステーション（Trade-Station）のような解析ツールにプログラミングしたりするのは、自分自身を監査する良い方法である。あなたのアイデアを完全な形で記述し、そのルールに従おうとするまで、何か見落としがあっても分からない。あなたのルールをプログラミングすることは、あなたのルールに従う確かな方法である。ルールを異なるプラットフォームでプログラミングして、結果を比較すればなお良く、これでエラーは防げる。

　トレードもそうだが、検証をコントロールするには相当な規律が必要になる。コンピューターは強力な味方で、正しい答えを与えてくれる一方で、間違った答えも出してくる。コンピューターはあなたが質問したことに答えてくれるだけである。コンピューターに作業を任せっきりにしたいかもしれないが、これは間違いだ。ではどうすればよいのか。それをこれから示していく。

89

まずは基本的な原理を頭に入れておこう。

## データは多いほどよい

悪いデータなど存在しない。データが多いほど、強気トレンド、弱気トレンド、価格ショック、横ばい期間など、より多くの市場状態が含まれることになる。こういった市場状態のすべてを検証に含める必要がある。

## データの一部は最後に行う検証のために取っておく

結果が現実的なものかどうかをチェックするためにデータの一部を取っておく。最も直近のデータを取っておくアナリストもいる。私は２年ごとのデータを取っておくことにしている。こうすれば市場が変化しても、そういった変化の適正なサンプルを得ることができるからだ。２年分のデータを使い、次の２年分のデータはスキップし、その次の２年分のデータを使い、その次の２年分のデータはスキップする……といった具合だ。設定は若干難しいかもしれないが、やってみるだけの価値はある。

## 結果をどのように評価するかを事前に決めておく

私は主な判断基準としてインフォメーションレシオ（IR）を使うが、アナリストは最大ドローダウンやリカバリータイムのように、ほかの判断基準を加えることが多い。しかし、分析に条件を多く含むほど、機能しなくなる可能性が高い。

## 検証値にはパーセント刻みの値を使う

一般に、等間隔の値は、速いトレードか遅いトレードのいずれかにとって都合の良い傾向がある。例えば、トレンドを10から200まで10の間隔で検証するのは、長い期間には都合が良い。10日移動平均と15日

移動平均の差は50％だが、190日移動平均と200日移動平均の差はわずか2.5％である。つまり、10日トレンドの結果と15日トレンドの結果は大きく異なるが、195日トレンドと200日トレンドの結果はあまり違わないということである。結果の全体像を見ると、遅いトレンドのほうが安定していることが分かるはずだ。したがって、より良い分布を得るためには、パーセント刻みの検証値を使ったほうがよい。

### 手当たり次第はやめよ

これは、入手可能なすべてのパラメーター値やインディケーターを使ってはならないということである。統計学的には、多くの組み合わせを試せば、そのうちのいくつかは偶然うまくいくこともある。しかし、こうした組み合わせには予測力はない。ルールが多いほど、システムは機能しなくなることを忘れてはならない。用いる値の範囲、市場、手法を事前に決めておくことが重要だ。これがうまくいかなければ、あなたの概念はうまくいかない。

### 新しいルールを加えても、大した改善が得られなければ、新しいルールは加えるな

改善は1つの良い結果だけではなく、すべての検証結果の平均に基づくものでなければならない。私たちが求めているのは、オーバーフィッティングではなく堅牢さであることを忘れてはならない。

### フィードバックは無用 —— 一番難しい部分

確認のために取っておいたデータを使って検証したら、フィードバックは無用だ。このデータでうまくいかないものは、最初からうまくいかないのだ。このデータで検証したら、少なくとも理論的にはすべての検証を終えたことになる。これについてはのちほど詳しく説明する。

はっきりしない部分についてもう少し詳しく見ていこう。

## コンピューターに解決させる

コンピューターの性能がますます高くなっている昨今、すべてをコンピューターに放り込んで、プログラムにルールを選別させるのが最善の策だと思っている人もいる。事実、遺伝的アルゴリズムとニューラルネットワークという2つの強力なツールではこういうことが行われている。データと可能なすべてのトレードルールを入力すると、これらの検索法が最もお金の儲かる最良の組み合わせを見つけてくれる。当然ながら、これは過去に最もお金を儲けた組み合わせである。

遺伝的アルゴリズムは、パフォーマンスの良かったルールを記憶しながら、そのほかのルールもランダムに試し、より良いルールを探していくというものだ。これは生物の進化の過程をまねて作られたアルゴリズムで、選択、交叉、突然変異を繰り返しながら最適解を求めていく。

ニューラルネットワークは人間の脳の仕組みを模したモデルで、コンピューターに学習能力を持たせることでさまざまな問題を解決しようというものである。利益の出るルールは次のレベルに進むことができ、利益の出ないルールは排除される。私たちの論理的思考プロセスと同じように、異なるルールに重点が置かれ、雇用統計のほうが修正されたGDP（国内総生産）よりも重要であると判断する。

これらの手法は私の目的にはそぐわないが、私はこれらの手法に感銘した。何年も前のことだが、ある気象専門家が報告書を発表した。それは、18年間にわたり、アルゼンチンで小麦が豊作になると、イギリスと北ヨーロッパも豊作になるというものだった。原因は、南米の東海岸からヨーロッパの西海岸に流れるメキシコ暖流のせいだと言う。これは論理的に思えたが、結局は間違っていることが判明した。

第10章 検証——重大な選択

十分なデータが与えられれば、一定の関係を発見することができる。テレビで毎日放映されるビジネスニュースのように、あなたは昨日起こったことは説明することができる。あなたは賢い人のように見えるかもしれないが、これは予測とは違う。

インサンプルの結果とアウトオブサンプルの結果の両方を使ったとしても、あなたはコロリとだまされてしまう。十分な数の組み合わせが与えられれば、検証データ、そしてアウトオブサンプルデータでうまくいく組み合わせを１つは見つけられるだろう。これはただ単に多くの検証を行ったというだけの話である。重要なのは、検証結果をあとから説明することではなくて、健全な前提から始めることである。

## 結果をどう評価するか

大まかに言えば、私はバックテストで利益が出たトレードのパーセンテージを見て、堅牢さを測定する。どれくらいの利益が出たかは問題ではない。重要なのは、どのパラメーターの組み合わせがコスト差し引き後に利益を出したかである。つまり、パラメーターの範囲を慎重に決めて、うまくいかないことがはっきりしている組み合わせをたくさん含まないようにするわけである。例えば、トレンドフォローの場合、40日の算出期間からスタートして、算出期間を増やしていく。これは短期間では一貫性のあるトレンドは発生しないと思っているからである。多くのトレンドは金利政策によって発生し、長期的に持続するものになることを覚えておこう。

短期トレードの場合、私は15分足データを使い、保有期間は３日から５日だ。トレードを１カ月保有しているという検証結果が出たら、何かがおかしいということになる。

検証した組み合わせの70％で利益が出たら、それは成功ということになる。しかし、70％という数字はなかなか達成できるものではない。

93

しかし、第４章で述べたように、トレンドフォローならば、その数字は達成可能だ（「堅牢さ」のセクションを参照のこと）。株式アービトラージであるペアトレードでも達成可能だ。20のトレンド速度、10の損切り水準、10の利食い水準を検証しているのなら、全部で2000の検証をすることになる。私のルールでは、2000のうち1400（70％）で利益が出なければならないのだが、スムーズなパターンがあり、良いリターンが集中していれば、50％でもオーケーだ。これはつまり、うまくいくパラメーターの範囲を多く見積もりすぎたということである。現実的になることと、柔軟性を持つことが重要だ。

## フィードバックとは何か

　フィードバックはウソをつく。自分のアイデアを検証する。しかし、思ったほどうまくいかない。そこでトレードを調べてみると、FRB（連邦準備制度理事会）が金利を上げることを決めたときに、あなたは大きな損を出すことが分かる。債券は下落し、あなたは買っていたのでその日は７％の損失を出した。最悪だ。あなたは損切りを置くか、あるいはその前の数日間はボラティリティが非常に低かったのだから、FRBの発表を予期して手仕舞うべきだった。そこであなたは１日の損切りを３％にすることにする。なぜなら、その７％を除けば、１日の最大損失は2.5％だったからだ。これでパフォーマンスは改善される。

　しかし、次に損失が3.1％になり、そのあとすぐに市場が反転すると問題が発生する。市場が反転するとトレンドポジションは損失から利益に変わる。しかし、そのときにはあなたはもう損切りしてしまっている。このように検証したパフォーマンスの観察を続け、微調整することはできない。それはオーバーフィッティングになり、政府がやっていることと同じことになってしまう。

　金融危機をもう一度考えてみよう。政府は次の危機を避けるために

次のようなことを計画した。

● 「大きすぎてつぶせない」銀行をつぶす（これは実現しなかった）
● 銀行の自己資本の強化を求める法案を通過させる（ドッドフランク法）
● 金融危機に関連するほかのリスクを細かく管理する（ボルカールール）

　政府はいつでも、パーティーには遅れてやってくる。彼らが起こった問題に対処しなければ、同じことが再び起こる可能性がある。一方、彼らは安全を過信し、大きな危機が再び発生することはないと思ってしまう。もちろんそんなことはない。次の危機はまったく違った形で起こり、同じ規模で発生する可能性があるのである。

　同じように、1つのイベントのリスクをなくし、それによって将来的なリスクを避けることはできない。それでは解決にはならない。重要なのは真のリスクを理解し、きちんと管理することである。リスクが大きすぎるのであれば、ポジションを小さくせよ。

　1998年、LTCM（ロングターム・キャピタル・マネジメント）が破綻した。2人のノーベル経済学賞受賞者の助言があり、組織的に運営され、多くの銀行が出資していたファンドがなぜ、と思いたくなるだろう。ローウェンスタイン著の『天才たちの誤算』（日本経済新聞社）によれば、この頭脳集団は、あるイベントは将来的に再び起こることはないと判断して、そういったイベントを反映するデータ（大きな損失を生んだであろうデータ）を削除し、トレードプログラムが一貫してスムーズなリターンを生むように見せかけたのである。損失は小さく、主導者たちは広い人脈を持っていたため、多くの銀行から資金を集めることに成功し、50倍のレバレッジのポートフォリオを構築した。彼らのアービトラージプログラムは5年ほどは大成功した。ところが

ロシア危機（ロシアの通貨ルーブルの暴落とルーブル建て国債の債務不履行など）が勃発。ルーブルの暴落は止まらず、LTCMは破綻した。もちろん、彼らが間違っていたわけではない。ルーブルの暴落というイベントは以前に発生したことがなかったため、予測不可能だったと彼らは言った。ふんふんなるほど……。

データをいじくりまわしたり、ヒストリカルな損失を避けるルールを作れば、将来的な損失は完全にあなたの間違いということになる。そして、損をするのはほかならぬあなたのお金だ。

## 隠された危険性

価格ショックについては何度も述べるつもりだ。なぜなら、価格ショックは非常に重要だが、大量の検証データのなかに埋もれてしまうこともあるからだ。多くのトレーダーが損失を出すのは、価格ショックの重要性をよく分かっていなかった、あるいは過小評価していたからだと私は思っている。

価格ショックは本質的には予測不可能であることを私たちはだれでも知っている。値動きの大きさは、価格ショックが強気か弱気かと、参加者の正味保有量によって決まる。例えば、ほとんどの投資家が株式を買っているとしよう。S&P500を例に取ると、驚くほど悪い経済報告（悪いニュース）が発表されると、S&P500は急落するだろう。逆に、驚くほど良いニュースが発表されると、S&P500は上昇するだろうが、それほど大きくは上昇しない。この非対称は、ほとんどの投資家が買っている場合、良いニュースでは増し玉しないが、悪いニュースではポジションを手仕舞うからである。ヘッジファンドも買いに偏っている。米国の株式市場も買いに偏っている傾向がある。したがって、急落すると損切りに引っかかる可能性があるが、価格が上昇しても何もしないのである。

## 忘れられた歴史

　トレード戦略を開発するとき、価格ショックにはどう対処すべきなのだろうか。特に、検証のときが問題だ。価格ショックは発生したときには驚くが、過ぎ去れば完全に忘れられる。これはどんな戦略においても問題だが、特にトレンドシステムでは大きな問題になる。

　例えば、移動平均システムで簡単なヒストリカルテストを行うとしよう。移動平均の算出期間は20日から200日で、通常の買いと売りのルールを用いるものとする。結果は、通常の日々の値動きだけでなく、価格ショックからの損益も反映する。トレードの算出期間を選ぶとき、最良の利益や最良のリターン・リスク・レシオに基づいて選ぶ。その選択は価格ショックからの利益は反映するが、損失はあまり反映しない傾向がある。価格ショックは予測不可能なので、価格ショックの50％以上は私たちにとって有利になることは期待できない。トレンドフォロワーの場合、この比率はもっと低くなる。

　この比率の差によって何かが違ってくるのだろうか。もちろんだ。価格ショックの50％以上から利益を期待できないと思っていたが、実際には価格ショックの65％から利益を得ることができれば、この15％の違いからの利益は損失に変換しなければならない。これによってトータルリターンは減少するが、もっと重要なのは、期待リスクが上昇することである。リスクをしっかり理解しなければトレーダーは窮地に陥ることになり、キャリアが終わってしまうことにもなりかねない。

　自分で計算してみよう。日々のレンジを日々の平均レンジと比較して、価格ショックがあるかないかを判断する。今日のレンジが平均レンジの少なくとも2.5倍なら、それは価格ショックということになる。いくつの価格ショックが自分にとって有利だったかをカウントし、それらのショックからのトータル利益を求める。自分にとって有利なショックを50％あるいは40％にするために、これらの利益を損失に変換

したときの正味リターンを求める。リターンが低くても気にすること
はないが、リスクが高くなったら要注意だ。

## 真のコストを使え

　一般的には保守的なのが良いが、トレードコストを計算するときに
は保守的であってはならない。コストには、トレードの手数料、スリ
ッページ、資金調達コスト（お金を借りる場合）が含まれる。現実的
な結果を得るには、コストは実際のコストをできるだけ正しく見積も
ることが重要だ。

　高すぎるコストを使えば、ほとんどの短期システムは破綻する。逆
に低すぎるコストを使えば、利益の出ないシステムでトレードするこ
とになるかもしれない。現実的なコストを求めるには実際にトレード
してみるしかない。実際にトレードすることができない場合、同じサ
イズのポジションをトレードしている人を見つけて、その人の推定値
を使う。情報を進んで共有しようという人は必ずいるはずだ。ブロー
カーの顧客担当を使えば、あなたの必要な数字を提供してくれるだろ
う。

　一般に、カウンタートレンドトレードはトレンドトレードよりもス
リッページは少ないが、例外がある。それは大きなポジションをトレ
ードしている場合だ。最近ではほとんどの発注システムには「スマー
ト執行」機能というものが付いている。これは、一度にすべての注文
を執行するのではなくて、板の状況に合わせてすべての注文を徐々に
執行していくというものだ。これは次の15分以内に執行することが義
務付けられているフロアブローカーよりも、はるかに良い価格で執行
されることが多い。

　新たに買って古いポジションを売る場合、一般則として、市場が下
げて寄り付いたら先に買ってあとで売り、市場が上げて寄り付いたら

先に売ってあとで買うのが良い。これはフロアトレーダーたちがやっている方法だ。彼らは一般トレーダーの逆サイドを取ることで利益を得るのである。市場が上げて寄り付いたあとそのまま上昇し続けることがときどきあるが、これは珍しいことであり、通常は寄り付いたあと価格は反転する。

先物をトレードしている人の場合、寄り付きは必ずしも朝に発生するわけではなく、寄り付きで出来高が急上昇することも今はない。電子取引所では、ほとんどの先物市場は引けの30分後にオープンする。ポジションをリバランスするのにこの夜間のオープンは便利であり、価格も引けの価格とほとんど同じだ（例外は日曜日の夜）。電子取引所がオープンしたあとでは取引量が少ないので、反転することはほとんどない。

ニューヨークタイムの午前8時20分にトレードしようとした場合、これは経済報告が発表（通常は8時30分に発表される）される前で、金利先物がオープンするときである。私の経験によれば、経済報告に対する反応はシステムトレードにとっては好ましい場合が多い。発表から1時間くらいは高ボラティリティを引き起こす報告もいくつかはあるが、価格ショックを引き起こす報告は非常に少ない。

## ダーティーデータを使え

物事は試行錯誤を重ねながら学ぶのが最も良い。プログラミングで間違いを犯せば、間違いを二度と繰り返すまいとするので、プログラミングは完璧に近づいていくのだと、かつての私は思っていた。これは確かに事実ではあるが、そうでないこともある。起こり得る間違いはあまりにも多く、時には隠れ蓑を着て現れることもある。しかし、もがきながらも、次第に良くなっていく。

かつて多大な時間を使って原油の短期トレードシステムを開発した

ことがある。それは電子トレードが開発中の2000年代初期のことだった。CQGという優れたデータを提供するデータプロバイダーから5分足データを購入した。このデータは悪いティックはすべて取り除かれてクリーンなデータだった。このデータを使って戦略を構築したところ、結果は素晴らしいものだった。トレードするのを待ち切れない思いだった。

　私が開発したシステムは勝率は80％だった。これはアービトラージプログラムや短期平均回帰プログラムでは普通だ。しかし、最初のトレードで損失が出た。でも、特に気にはしなかった。ところが、2回目も3回目も4回目も損失が出たのだ。1週間後、私の資産は激減していた。明らかに何かがおかしい。私はトレードを中断してシステムを再構築することにした。

　問題は、実際の原油価格に間違いがたくさんあったことだった。多くは小さな間違いだったが、大きいものもあった。なぜなら、価格がピットで手動で入力されていたからだ。水曜日にAPIレポートが発表された（現在は火曜日に発表されている）直後の動きは活発だった。クラークは遅れたデータを入力し、間違いもいくつか犯した。例えば、価格が39.98、39.97、39.98、40.00、39.99と動いているときに、40.00と入力すべきところを間違って39.00と入力した。クラークは指を置く位置を間違えていたのだ。人ではなくて価格だけを見るアルゴリズムトレーダーでなければ、簡単に理解できるはずだ。かくして、40.00で執行されるはずだったのに39.00と認識され、間違ったトレードが発生したわけである。損失は少なく、追加的手数料も少なかったが、これが頻繁に発生し、多くの間違ったトレードが生成された。

　この問題を解決するには、トレードしているものは常に検証することである。クリーンなデータは一見ベストに思えるが、そうではない。システムには、スムーズで洗浄されたデータ上だけではなく、市場で予期しないノイズが発生しても利益を出すことが求められる。システ

ムを構築するデータと検証するデータは、異なるデータを使わなければならないのはこのためだ。米国の10年物国債で何かを開発しようとしている場合、だれかが「ブンズ（ドイツ連邦債）でうまくいかなくても気にすることはないさ。それは違うタイプの市場だから」と言っても耳を傾けてはならない。また「そのデータは古すぎるから、もう使い物にはならない」と言っても耳を傾けてはならない。データは多いほど良いのだ。

# バックアジャストデータと株式分割調整データ

データは隠れたほかの問題もあらわにする。そのなかでも最も重要なのは、株式分割のためにデータをバックアジャスト（遡及調整）することと、先物価格のつなぎ足に関するものだ。

データに問題があるわけではなく、ただ古い価格はそのときに発生した価格ではないということである。これによって、テクニカルな問題が発生する。

①今日の高値と過去の高値を比較することはできない。今日の価格は正しいが、過去の価格は変化しているので今の価格とは異なる。
②トレードルールを作成するとき、パーセンテージを使うことはできない。過去の価格は変化しているので、パーセンテージが違ってくるからである。
③先物データや株価データの一部は、古いデータではマイナスになることもある。金利の正のキャリー（新しい限月の終値は、古い限月よりも低い）が発生する先物の場合、つなぎ足にすると古いデータは下方修正される。十分な時間がたつと、価格はマイナスになる可能性がある。アップル（AAPL）を例に取ると、2005年以前の価格データはすべてはマイナスになる。ボラティリティを計算するとき

**101**

にはATR（真の値幅の平均）を用いるが、年次ボラティリティの計算に使われるパーセンテージは使わない。

## 異なるパフォーマンス指標

堅牢さを見る場合、これまでは利益の額にかかわらず検証の何パーセントで利益が出たかだけを見てきた。例えば、最適化を行う場合、より堅牢なほう、つまり、利益を出した検証のパーセンテージが大きいほうが良いということになる。

しかし、利益以外にもパフォーマンスを測る指標は無数にあり、2つの戦略を比較するうえで役立つ。私が使っているのはインフォメーションレシオというもので、これについてはすでに述べた。これはスプレッドシートで簡単に計算することができ、リスク1単位当たりのリターンを比較することができる。以前の例（第9章）では、年次リスク（年次ボラティリティ）と年次リターン（AROR）を算出するスプレッドシートの例を紹介した。インフォメーションレシオは年次リターンを年次リスクで割ったものだ。シャープレシオのことは聞いたことがあると思うが、これはその簡単な変化形である。

シャープレシオ＝（年次リターン－無リスクリターン）÷年次リスク

現実にはだれも無リスクリターンを使わないし、2つのシステムを比較するときには無リスクリターンの影響は無視できる。シャープレシオは使う機会が多いので、スプレッドシートを使って自分で計算してみよう。ところで、年次リターンが負の場合、レシオは無意味なものになる。

## レシオの解釈

　2つの結果から1つを選ぶ場合、インフォメーションレシオが役に立つ。インフォメーションレシオの値が大きいということは、同じリターンでリスクが低いか、同じリスクでリターンが高いことを意味する。インフォメーションレシオが非常に小さな正の値の場合、どこかで利益のすべてを市場に戻したが、最終的には純利益が出たことを意味する。1.0を超える大きな数値の場合、リターンが非常にスムーズな上昇トレンドにあることを意味する。また3.0を超えた場合は、おそらくは何か間違いを犯した可能性が高い。コストを含まなかったか、あるいは明日のデータを見たのかもしれない。

　結果が悪いと間違いがなかったかどうかを調べるが、良い結果が出ると、間違っている可能性があるにもかかわらず、それを信じる傾向がある。良い結果はどうしても信じたくなるのが人情だ。しかし、あとでツケを払わされる。結果は批判眼を持って見るように自分を鍛えることが必要だ。

## だれもがインフォメーションレシオを使うわけではない

　私はインフォメーションレシオを使っているが、だれもがインフォメーションレシオを好むわけではない。カルマーレシオ（年次リターン÷最大ドローダウン）が好きな人もいるだろう。最大ドローダウンは絶対数なので、ドローダウンの確率（年次ボラティリティの表現方法）よりも扱いは簡単かもしれないが、時間がたつとドローダウンは大きくなる傾向があるので、カルマーレシオは将来的なリスクを過小評価してしまうというマイナス面もある。

　ドローダウンの標準偏差を用いる人もいる。これは資産のピークか

らの日々のドローダウンを測定し、それらの値の標準偏差を取ったものだ。ドローダウンは価格の上昇よりも傾きが急で、すぐには回復しないものもあるため、ドローダウンの標準偏差を取るのは妥当なように思える。これは負けパターンの良い指標になる。しかし、これには否定的な意見もある。アップサイドボラティリティ（価格が上昇したときのリスク）は潜在的ダウンサイドリスクの兆候にもなるからである。小さなドローダウンだけを含んでシステムを作れば、測定値は当てにはならず、不愉快なサプライズに驚くことになるだろう。

　2つの異なるトレード戦略を比較するときには、いろいろ欠点はあるものの、リワード・リスク・レシオを測定するための何らかの方法は必要だ。

## トレード数

　トレード数が多ければ、結果は信頼できるものになるという根強い考え方がある。これを「統計的有意性」と言う。過去10年間で1回しかトレードしなかったとすると、システムの価値を判断するのは難しい。長期トレンドシステムの各市場における平均年間トレード数は2～3だが、短期戦略の年間トレード数は50で、10年間では500になる。これほど多くのトレードを行う短期システムではオーバーフィットする可能性は低い。

## 期待値

　実際のパフォーマンスは検証結果にどれくらい近くなるだろうか。最もパフォーマンスが高くなるようなパラメーターの組み合わせを選んで検証した場合、実際のパフォーマンスは検証結果とは大きく違ってくるだろう。検証結果が良かったのは、たまたま良いタイミングでそ

うなっただけで、それが繰り返し現れる可能性は低いからである。

　適切な間隔の複数のパラメーターを使って平均リターンを取ったのであれば、検証結果は実際の期待値に近づくが、システム平均ほど良くはないのが普通だ。これは以前にも述べたが、時間がたつと新しいパターンが現れ、システムは検証のときに見たようなパターンと同じようには新しいパターンには対応できない。

　一般則としては、将来的にはリスクは2倍を見込むのがよい。リターンを半分にせよとは言っていないので注意してもらいたい。問題なのはリスクである。アウトオブサンプルデータで検証すると、リターン・リスク・レシオは50％は低くなると見ておいたほうがよい。そして、実際のトレードでは、その比率はさらに低下する。慎重すぎるくらい慎重になったほうがよいのはこのためだ。また、レバレッジをかけすぎないように注意しよう。

　システム開発テクニックが上達すれば、システマティック（理論的な）結果と実際のトレードパフォーマンスは近づいてくるはずだ。

# 第11章

# 降伏させよ
Beating It into Submission

　本章ではあなたの望む結果を生まないような検証の扱いについて、もう少し詳しく見ていくことにしよう。これはシステム開発を左右する重要なポイントで、成功するか、あるいはデータをオーバーフィットして作ったシステムがうまくいかないかの分かれ道となるものだ。

## 損失を出す期間を解決する

　結果ががっかりするようなものであった場合、損失の原因となったトレードを調べることになる。損切りを別の場所に置いたほうが良かったのだろうか。価格のボラティリティが高すぎたのか。大きな利益を生んだトレードのあとで仕掛けたのか。上昇相場で売ったのか。こんな疑問が浮かぶのは当然だろう。一体、何が問題だったのだろうか。
　すべてはルールの変化に基づいて結果をどう見るかによる。例えば、次のような場合は問題になる。

●ルールの変化が1つのトレードのみを修正する。
●ルールの変化が1つの市場のみに影響を与える。
●最適化結果を見ると、あるパラメーターを使ったときはリターンはピークになり、ほかのパラメーターを使ったときはパフォーマンス

107

は低くなる。つまり、利益が1カ所に集中し、ほかの場所では利益が出ない。
●新しい結果が異常に良い。

　上の例の3番目のポイント――結果のパターンの変化――ははっきりさせておく必要がある。**図11.1**の検証結果を見てみよう。太い線で示したものが最初の検証結果である。最初は－1000（おそらくは算出期間は短い）から始まり、ピーク時には1425を記録し、最後は1100（算出期間は長い）で終わっている。右側のほうでは、算出期間のパーセンテージの差がほとんどないので、結果はほとんど変わらない。

　薄い線は、特定の問題を解消するためにルールを変更したあとの新たな検証結果を示したものだ。利益のピークは最初の検証結果よりもはるかに高いが、両側では低くなっている。利益のピークが高くなっているので、最初はこの方法は良いと思うかもしれないが、大きな利益が集中しているのを見ると、特定の状況をターゲットにしたものであることが分かる。このパターンは、尖度（ピークの測定）を調べることで定量的に測ることができる。通常の尖度は値が3（標準的なベルカーブの形状）で、値が6以上の尖度は中央に非常に鋭いピークとして現れ、これは問題となる。

　一方、「良い」結果を表しているのは破線で、全体的に結果は均等に改善されている。これが理想的な結果だ。ルールの変更によって最悪の検証結果さえも改善されている。こうした結果を達成するルールは、特定のトレードに焦点を当てるのではなく、値動きの性質に焦点が当てられる。これについてはこの次で詳しく見ていこう。

## 平均的な結果を使え

　成功を評価する私の方法はほかのトレーダーにとってはあまり魅力

## 図11.1 検証結果 —— 最初の検証結果、利益が中央に集中して現れるようにルールを変えたあとの検証結果、すべての結果が改善するようにルールを変えたあとの検証結果

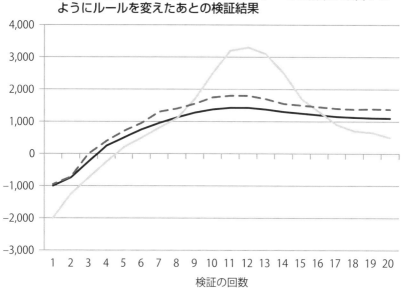

的には映らないかもしれないが、私はほかの方法を使う気はない。私の方法では、まず最初に、新しい戦略で機能すると思われるパラメーターの範囲を決める。

例えば、長期トレンドを見つけようとしている場合、40から120、または60から250の算出期間が機能するパラメーターの範囲になる。また、保有期間が３日から８日のダイバージェンスパターンを見ている場合は、パターンは５日から15日にわたって形成されなければならない。また、保有期間が３日の日中ブレイクアウトの場合は、利益目標は0.50ATR（真の値幅の平均）から3.50ATRの範囲にする必要がある。どこで利益が出るかを見るために、最初は広い範囲を選び、そのあと利益が出る範囲だけを含むように範囲を狭めるといったことはやるべきではない。

範囲を事前に決めておくことで、あなたが機能すると考えるものが本当に機能するかどうかをチェックすることができる。あなたが決めた範囲で行った検証のわずか25％でしか利益が出ないことが判明した場合、なぜ間違えたのかを考え直す必要がある。あなたの戦略はあなたの期待どおりに動いていないということである。

通常、パラメーターの正しい検証範囲を選べば、良い結果が出る。最も重要な値は、それが純利益だろうが、インフォメーションレシオ（IR）だろうが、すべての検証の平均である。平均結果は、経済学者が１期間先の平均を予測するのと同じように、将来的な期待リターンになる可能性が高い。最も安全な予測値は平均である。

なぜ平均を用いるのだろうか。１カ月先にも過去と同じようなパフォーマンスを示す１つのパラメーター値を検証結果から選ぶことができないからである。10年間の検証で示された結果は最高の純利益を示すかもしれないが、その最高の純利益を達成するまでの道のりはけっして平坦なものではない。負け月が何カ月も続いたあと、ようやく勝ち月が現れるのである。

100回の検証のなかから最高の結果を出したパラメーターを選ぶとする。それらのパラメーターが翌月、あるいは翌年にも最高の結果を出す確率はどれくらいあるだろうか。通常、最高の結果を出したパラメーターのパフォーマンスは、最悪になる可能性が高い。なぜなら、最高の結果を出すことができたのは、普段とは異なる値動きや価格ショックのおかげかもしれないからである。十分な数の検証を行えば、１つの検証はサプライズイベントが価格を高騰させたり急落させるときに市場の正しい側にいるかもしれない。しかし、そういったイベントは繰り返し発生するわけではない。したがって、パラメーターを選択するときに外れ値に依存すれば、将来的なパフォーマンスには失望することになるだろう。

私はどのパラメーターが翌月に最高のパフォーマンスを与えてくれ

るかを予測できた試しはない。したがって、平均パフォーマンスを再現できるように努めている。私が成功をすべての検証結果の平均で判断するのはそのためである。平均結果を得るためには、戦略を、3つ以上の異なるパラメーターのサンプルを使ってトレードし、広範にわたる結果を取得する必要がある。例えば、単純移動平均システムの場合、算出期間を30日、60日、120日といった具合に倍々に増やしていく。パーセンテージ差を使えば、もっと良い分布が得られる。そして、これら3つのサブシステムを同じ額でトレードする。サブシステムの数が多いほど、平均に近づく。

　確かに、平均結果は最良の検証結果ほど素晴らしくはないが、より現実的である。システム開発の目標の1つは、実際のトレードにおけるリターンとリスクを正確に予測することである。この方法は、それを達成する最も良いアプローチだと私は思っている。

## システムを絞め殺す

　私の好みの短期システムの1つは、3日トレードである。実際には3日ではないが、セットアップ期間は3日だ。このシステムの売りシグナルのルールは以下のとおりである。

●終値が2日続けて上昇。
●翌日の始値が今日の終値よりも高ければ、翌日の寄り付きで売る。あるいは、翌日の終値が今日の終値よりも高ければ、翌日の引けで売る。
●次の日の引けで手仕舞う。

　このシステムは仕掛けに3日かかり、始値で仕掛けた場合の保有期間は2日、終値で仕掛けた場合の保有期間は1日だ。ルールは対称的

なので、終値が２日続けて下落して、寄り付きも下げた場合、あるいは、終値が２日続けて下落して、引けも下げた場合は買いだ。

ルールを追加して改善することも可能だ。

●価格が仕掛け値から2ATRだけ動いたら利食いする。
●価格が2.5ATR上昇し、日々のレンジの上位25％で引けたときには売る。

これら２つのルールのいずれもボラティリティに基づいて一般化されているため、私たちのガイドラインを満たしている（ガイドラインについては次のセクションで議論する）。追加した最初のルールは利食いで、これで私たちの方向の速い大きな動きをとらえることができる。短期でトレードしている場合、マーケットノイズが多いため、ニュース発表に基づいて利益をとらえることは私たちにとって有利に働く。

２番目のルールは、２日セットアップを待たずに価格スパイクで仕掛けるというものだが、これもまたマーケットノイズに反応する。このルールが最も効果的なのは株価指数市場で、この市場はほかのセクターに比べるとノイズが多い。ボラティリティが通常のボラティリティの2.5倍というのは、特に強い日か弱い日で、レンジの天井か底近くで引けると、翌日には反転する可能性が高い。

どちらのルールを使っても、幅広い株価指数市場における結果は全般的に改善される。これまでのところはまずまずだ。

しかし、これだけではない。フロアトレーダーは、例えば上昇トレンドのときは、価格は月曜日には上げて寄り付き、火曜日か水曜日に反転すると信じてきた。そして、金曜日にはトレーダーによっては週末にフラットにしたいのでポジションを手仕舞う。すると売りプレッシャーが高まる。このように曜日は非常に重要だ。

このパターンが本当かどうかを確かめるのに、ルールの変更は不要

## 図11.2　1990年からの曜日ごとの結果 —— S&P500先物、ナスダック先物、ラッセル2000先物

| 買い | | | | | |
|---|---|---|---|---|---|
| | 月曜日 | 火曜日 | 水曜日 | 木曜日 | 金曜日 |
| S&P | 485062 | 357327 | −150580 | 28873 | −78595 |
| ナスダック | 67469 | −75556 | 34523 | 50195 | −171604 |
| ラッセル | 59712 | 255387 | 512269 | −46304 | −499171 |

| 売り | | | | | |
|---|---|---|---|---|---|
| | 月曜日 | 火曜日 | 水曜日 | 木曜日 | 金曜日 |
| S&P | −112991 | −18266 | −94722 | −93925 | 30641 |
| ナスダック | −88261 | −39942 | 75661 | −185758 | 94043 |
| ラッセル | 68057 | −271811 | 2058 | −86041 | −342346 |

だ。曜日ごとの買いと売りのリターンを足し合わせてみればよい。最初のルールと２つの追加ルールを使って、主要な３つの株価指数先物市場を検証してみよう。用いる市場はｅミニS&P500、ナスダック、ラッセル2000だ。**図11.2**は1990年から2015年５月までの曜日ごとの損益を示したものである。

　月曜日は３つの市場で買うのがよい。月曜日と火曜日はS&P500の買いが良くて、月曜、火曜日、水曜日はラッセルを買うのが良い。金曜日はS&P500とナスダックを売るのが良い。これらの結果を見ると、フロアトレーダーによって示されたパターンが本当であることが分かる。

　しかし、これは全体像を示したものではない。もっと最近の期間（2014年５月からの１年間）を見てみよう（**図11.3**参照）。1990年からの期間では月曜日の買いはすべての市場で利益が出ていたが、過去１年間では損失を出している。しかし、火曜日は買いと売りともにどの市場でも良い。今のところ、木曜日は買いと売りともにS&P500とナスダックが非常に良い。1990年からの長期間よりも良い。しかし、売

**図11.3　2014年5月からの曜日ごとの結果 —— S&P500先物、ナスダック先物、ラッセル2000先物**

買い

|  | 月曜日 | 火曜日 | 水曜日 | 木曜日 | 金曜日 |
|---|---|---|---|---|---|
| S&P | −13178 | 41374 | 20175 | 21059 | −17056 |
| ナスダック | −11114 | 47178 | −43917 | 52393 | −12270 |
| ラッセル | −1998 | 36696 | −13698 | −28072 | 3324 |

売り

|  | 月曜日 | 火曜日 | 水曜日 | 木曜日 | 金曜日 |
|---|---|---|---|---|---|
| S&P | −13178 | 41374 | 20175 | 21059 | −17056 |
| ナスダック | −11114 | 47178 | −43917 | 52393 | −12270 |
| ラッセル | −1998 | 36696 | −13698 | −28072 | 3324 |

りは金曜日から木曜日にシフトした。

　過去３年や５年のリターンのパターンを見ていくと、さらにシフトしていることが分かる。曜日ごとのリターンのパターンには一貫性はないが、これは検証結果を見るまでは分からなかっただろう。

　良いニュースもある。すべての曜日を足し合わせて、売らなければ利益が出る。株式市場が買いに偏っていることを考えれば、これは驚くには当たらないだろう。

　これから得られる教訓は、システム自体は良いが、利益の出るパターンと損失を出すパターンを高い精度で区別することはできないということである。大局的に見れば、数字は私たちに味方してくれるので、私たちは勝つことができる。

## ルールの一般化

　どんな時間枠や市場でもうまくいくテクニックはたくさんある。これらのテクニックを使えば、いろいろなシステムのパフォーマンスを

改善できるかもしれない。最も重要なのは、これらのテクニックはボラティリティに基づいているという点である。

株式業界ではボラティリティは日々のリターンの標準偏差に252の平方根をかけて算出される。この例は第9章で説明した。しかし、もっと良い指標はATRで、これも第9章で述べた。

## 高ボラティリティ

高ボラティリティは高リスクを連想させるが、トレーダーの多くは彼らのシステムは高ボラティリティの期間にパフォーマンスは向上すると思っている。確かに、価格が動いていなければ何もうまくいかないし、アービトラージはボラティリティによって2つの関連する商品の間で価格差が生じるほど利益になる。しかし、ボラティリティは本当に利益を生みだすのだろうか。

多くの場合、高ボラティリティを認識できればリスクを低減させることができる。高ボラティリティは高リスクを意味することは知っているが、高ボラティリティは高リターンを生みだすものでもあることは分かっていない。しかし実際には、高ボラティリティは高リターンを生みださない。特に、トレンドフォローの場合はそうである。ボラティリティが高いときに仕掛けたトレードは、リスクは高くなるが、リターンは必ずしも高くはならない。これはつまりインフォメーションレシオが低いことを意味する。前にも述べたように、インフォメーションレシオは成功する戦略かどうかを見極めるための指標である。

短期トレーダーの場合、年間ボラティリティが45〜50%を超えれば高すぎる。トレード機会は次々と訪れるので、そういったトレードはスキップするのがよい。一方、長期トレーダーの場合、イクスポージャーを減らすことを考えたほうがよい。ほとんどの場合、これは利食いを意味する。そして、ボラティリティが通常レベルに戻ったら再び

仕掛ければよい。

## 低ボラティリティ

低ボラティリティは高ボラティリティよりも複雑だ。低ボラティリティでは市場は不活性で、行くあてもなく、クネクネと上下動を繰り返す。小麦や貴金属の価格が低いということは、生産コストレベルで取引されていることを意味する。こういった商品市場では、トレーダーの多くはもっとエキサイティングなことを探し求める。流動性が低く、ファンダメンタルズが変わらなければ、ボラティリティが低く、横ばいの動きになる。一般に、ボラティリティが低い市場は、どんな戦略であっても、あなたのお金を投入する場所ではない。

低ボラティリティにはもう1つ重要な側面がある。金利などの市場では、価格が一方方向に動くことを意味する。リターンとリスクの関係は非常に良いが、リターンは少ない。先物トレーダーの場合、特にマクロトレンドシステムを使っているヘッジファンドの場合、こういった期間はリスクが高まってもリターンが大きくなるようにレバレッジを上げるのが普通だ。レバレッジを上げなければ、期待どおりのリターンを達成することは難しいだろう。

# 第 *12* 章

# 先物についてもっと詳しく
More on Futures

　私がトレードを始めたとき、最初にトレードしたのが先物だった。当時、商品先物の銘柄には農産物と貴金属しかなく、エネルギーさえもなかった。私の穀物の注文が大きくなったので、私はブローカーと一緒にフロアに入ることができた。それはとてもエキサイティングだった。私がブローカーに大豆の大玉の買い値を伝えると、彼はピットに走って行き、腕を振り、戻ってきて「約定した」と言ったものだ。これぞ究極の自由トレードだと思った。

　ある日のこと、すべての穀物市場がストップ高になった。価格が1日の値幅制限まで上昇したのである。この場合、予想外の強気の穀物リポートが原因だった。ストップ高になると取引はストップするため、フロアは静かになった。数分ごとにいくつかの取引が指値で取引されるだけだった。何も起こらずいても仕方ないので、もう帰ろうかと考えていた。

　ここでCBOT（シカゴ商品取引所）のトレードフロアの配置を説明しておこう。私がいるところは、大豆ピットの大きな部屋のうしろ側の左の隅だ。左端にはそれぞれの隅に大きなドアがある。最も遠いドアは私がいるところから対角線上の端にある。その部屋の外側には、取引の活発さによって大きさが異なるトレードピットが並んでいる。トウモロコシのピットが一番大きくて、次に大きいのが大豆のピットだ。

117

失敗する運命にある金のピットは小さかった。

　私はランチに行くことにした。ところが、私のいるところから最も遠い、ドアに近いピットからざわめきが聞こえてきた。ざわめきは突然大きくなった。私のブローカーの耳はダンボ状態になった。「何かニュースがあるようだ」。フロア中でざわめきの声が大きくなったところを見ると、良くないニュースに違いなかった。トレーダーは売るに違いない。

　怒鳴り声は部屋を反時計回りに回って左側に移り、隣のピットにも伝わった。怒鳴り声は私の左側の隅にまで届いた。ブローカーは言った。「何かがおかしい。ポジションを手仕舞ったほうがよさそうだ」。私がうなずくと、彼はピットに駆け込み、市場が崩壊する前に成り行きで売った。彼はうれしそうな顔をして戻ってきた。

　そのとき、ストリーカー（公共の場で体を露出する人）が走りすぎた。1970年代初期のことを知らない人のために説明すると、ストリーカーとはゴダイヴァ夫人（夫の圧政を諫めるために街を裸で行進したという伝説がある）のヒッピーバージョンを意味する。

　「そんなバカな！」と私のブローカーは叫び（実際にはこうは言わなかったと思うが、それに近いような言葉を発した）、ピットに舞い戻ってポジションを買い戻そうとした。しかし、遅かった。大豆は再びストップ高になり、買い注文の待ち行列ができていた。

　この話の教訓は、システムに従え、ということである。フロアブローカーはうまくやっている。しかし、彼らの時間枠は非常に短い。彼らにとって数時間というのは長期トレードを意味する。素早く手仕舞うことは、彼らにとってのリスクマネジメントなのである。しかし、これは私たちにとってはうまくいかない。

# レバレッジ

　商品先物と株式のトレードの最大の違いはレバレッジだ。株式を買うとき、通常は丸代金で買う。つまり、レバレッジは掛けていないということである。株式トレードでは最大で50％までお金を借り入れることもできる。このときレバレッジは2：1になる（ただし、ここから資金調達コストが差し引かれる）。

　商品先物は株式とはまったく異なる。商品先物における「委託証拠金」は取引証拠金で、借り入れとは違う。一般に、商品先物をトレードするのに必要なお金は、額面価格の10％というのが一般的だ。株価指数は少し多くなり、農産物は少し少なくなる。正確なレートはブローカーが提示する。ブローカーによっては、Ｔビルのような証券を委託証拠金として差し出すことを許可しているところもある。したがって、金利を支払わなければならない株式の信用取引とは異なり、先物の委託証拠金の場合、金利収入を得ることもできる。

　委託証拠金の平均が10％の場合、当初レバレッジは10：1である。「当初」と言ったのは、もし委託証拠金の25％を失えば、お金を差し入れなければならないからである。これを「追証」と言う。最も良いのは、投資額のおよそ40％を証拠金として使い、残りは取っておくことである。その場合、10：1のレバレッジは4：1になり、ドローダウンが発生しても取っておいたお金で埋め合わせできるため、追証のことを気にする必要はない。

　4：1のレバレッジでは、すべての値動きは4倍になる。これはレバレッジの掛かったETF（上場投資信託）のリターンが2倍、3倍になるのと同じである。ちなみに、LTCM（ロングターム・キャピタル・マネジメント）のレバレッジは50：1だった。これでは寝る間もなくなってしまう。

**119**

# リターンを計算するための換算係数

　値動きに株数を掛けたものがその日の損益になる株式とは違って、先物には「換算係数」と呼ばれる乗数が必要になる。これは価格が１ポイント上昇したときに稼げるお金で、これをビッグポイント・バリューと言う。ビッグポイント・バリューは小数点の左側の数字で表される。

　例えば、トウモロコシは１ブッシェル当たりの価格は0.25セント刻みで表示される（呼値）。価格が325.75ということは１ブッシェル当たり3.2575ドルを意味する。１ビッグポイントは１セントだ。ほとんどの穀物は１枚当たり5000ブッシェルなので、１セントの動きは50ドルに相当する。これが換算係数になる。１ビッグポイント・バリューは取引所のウェブサイト（http://www.cmegroup.com/）の「contract specifications」で確認することができる。したがって、トウモロコシを２枚保有していて、昨日価格が2.5セント動いたとすると、50×2.5×２枚＝250ドルの儲けになる。トウモロコシの今の委託証拠金は1000ドルなので、５月限を１ブッシェル当たり3.60ドルで買うことができる。したがって、5000ブッシェルでは１万8000ドルということになる。委託証拠金を投資金額に含めれば、250ドルの儲けはおよそ1.4％に当たる。

　先物１枚か、１株のリターンを計算するベストな方法は、現在の利益を全投資額で割ることである。したがって、10の異なる商品先物か、株式を投資額５万ドルでトレードしているとすると、トウモロコシのリターンは250÷50000＝５ベーシスポイント（１パーセントの100分の５）ということになる。同時にほかの市場でもトレードしていれば、より大きなリターンを得ることができる。

**120**

## FXを忘れるな

　先物は国際的に取引されている。したがって、例えば、金利市場や株価指数先物市場をトレードしているとすると、米国とヨーロッパの市場が含まれる。トレンドフォロワーの場合は、米国よりもヨーロッパ市場のほうが良く、平均回帰システムの場合は、米国市場のほうがノイズが多いので好ましい。

　興味深い戦略としては、米国10年物国債のTノートとユーロのブンズ（10年物）のアービトラージが挙げられる。まず、両方の市場がオープンしていることを確認する。戦略を検証しているのなら、日中の同じ時間のデータを取得する必要がある。ヨーロッパの立ち会いはニューヨークタイムの11時半に閉まる。したがって、日々のデータの場合、ヨーロッパ市場の引けの価格と一緒に使おうと思ったら、Tノートの11時半の日々の価格が必要になる。ヨーロッパのデータは「時間外取引」の価格ではないことに注意しよう。ヨーロッパの時間外取引は米国市場と同じ時間に閉まるが、その時間における流動性は低い。ニューヨークの午後4時は、ドイツでは午後10時で、ほとんどのトレーダーはもう帰宅している。米国とEUREXは同じ時間に閉まるので都合が良いが、満足のいく執行はできないかもしれない。

## FXの建値

　先物価格は現地通貨で建値される。例えば、ブンズ（10年物ドイツ国債）の最小変動幅は0.25ポイントで、取引単位は10万ユーロ、換算係数は1000ユーロである。したがって、1枚取引しているとすると、0.25ポイント動くと、250ユーロの利益か損失になる。すべてはユーロ建てになっていることに注意しよう（米国市場ではすべてがドル建て）。

　もしあなたが米国のトレーダーだとすると、すべての外国市場のリ

**121**

ターンは米ドルに換算したいと思うはずだ。またフランスにいる場合は、すべてのものをユーロに換算したいと思うだろう。これは何の問題もない。ブンズのリターンにEURUSDのキャッシュ為替レート（今はおよそ1.08）を掛ければよい。したがって、250ユーロの利益が出ているとすると、これはドルに換算すると270ドルになる。コストを含むと為替レートは若干違ってくるが、ここでは為替換算コストは無視するものとする。

　世界をまたにかけてトレードしていると、すべてのリターンを米ドル、またはあなたの国の通貨に毎日換算する必要がある。米ドルに換算する場合、「外国通貨１単位は何ドルに相当するか」を考える必要がある。これは、例えばスイスフランの場合、CHFUSDのように米ドルがスイスフランのあとに記述される。これは１スイスフラン当たりの米ドルを意味する。しかし、スイスフランはUSDCHF（ドルスイス）で建値するトレーダーが多い通貨の１つだ。したがって、CHFUSD＝１÷USDCHFに変換する必要がある。これは難しくはないが、忘れてはならない作業だ。

　主要通貨（ビッグ８）のなかで、「通常どおり」建値されるのはユーロ（EURUSD）、豪ドル（AUDUSD）、英ポンド（GBPUSD）の３つで、習慣的に「逆に」建値されるのはスイスフラン（USDCHF）、日本円（USDJPY）、カナダドル（USDCAD）の３つである。ほかの２つの主要通貨はEURJPYとEURGBPである。香港とシンガポールも逆に建値される。自国以外でトレードする前に、為替レートがどのように建値されているのかを理解しておくことが重要だ。さらに、違った建値の方法を採用しているデータサービスもある。例えば、ブルームバーグは建値の方法を提示していないので、価格から推し量るしかない。例えば、2015年４月29日、ユーロは1.1124と表示されていた。これはEURUSD（１ユーロ当たりのドル）と思われる。またメキシコペソは15.21と表示されていたが、これはUSDMXN（１ドル当たりのペ

122

ソ）と思われる。

## 真の分散化

　株式市場では、株式ETFは相関性が高いように思える。つまり、ほとんどのETFは同じ日に同じように動くということである。株式によっては動きが異なるものもある。例えば、S&P500指数は上昇しているのに、下落している株式もあるといった具合だ。ファンダメンタルズが異なり、値動きの相関性の低い証券で株式ポートフォリオを作ろうとすると、非常に難しい。例えば、価格の上昇から儲けを出したいと思っているとすると、これらの証券は同時に上昇するため、相関性はより一層高くなる。

　S&P500現物指数とS&P500先物のアービトラージ（裁定取引）の場合はどうだろう。これら2つの市場がアービトラージャーにとって儲けになるような水準まで乖離（ダイバージェンス）してくると、アービトラージャーはS&P500に含まれるすべての株式を買って、先物を売る（現物指数が先物よりも価格が低い場合）ため、現物指数と先物の乖離はなくなる。そのためすべての株式は高い相関性を持って動く。

　先物はまた別のタイプの分散化を提供してくれる。先物市場は6つのセクターに分かれている――金利、FX、株価指数、エネルギー、貴金属、農産物。さらに、金利は満期の長いものと短いものに分けられ、貴金属は貴金属と非鉄金属に分けられ、農作物は穀物、畜産、ソフト（ココア、砂糖、コーヒー、場合によっては綿花）に分けられることもある。

　商品先物市場の相互関係は非常に複雑だ。金利の動きはすべてのものに浸透している。なぜなら、金利によってすべての商品先物のキャリーコストが決まってくるからだ。結局、タダのものは何1つないということである。例えば、受け渡しが6カ月先の金先物を所有してい

123

るとすると、金を6カ月間保有するコスト（契約のトータル価値に対する金利、保管料、保険）を支払わなければならない。大豆のコストが上昇すると、家畜のエサにかかるコストも上昇する。また、米ドルの価値が下落すると、小麦は別の通貨での輸出価値を調整するために上昇する。

　マクロ経済ファクターを振り返ってみると、銅の値動きと小麦の値動きとの間には大きな違いがある。「銅が1ポンド当たり2.50ドルなら、小麦は1ブッシェル当たり5ドルになる」といったアービトラージは存在しない。しかし、「銀1オンスで肉を1ポンド買える」ということわざがある。

　先物を6つのセクターにグループ分けするのに数学など不要だ。しかし、すべてのセクターが良い分散化を提供してくれるとは限らない。金利は相関性が非常に高い。つまり、アメリカが金利を上げるとほかの国も金利を上げる可能性が高いということだ。FRB（連邦準備制度理事会）はインフレを抑制するために金利を上げるが、それはドルを強くする方法でもある。金利を上げれば世界中の投資家を引き付けることができる。投資家たちはTノートを買う前に、米ドルを買わなければならない。すべてのお金が米国に流れ込むのを防ぐには、ほかの国も金利を上げてアメリカに対抗しなければならないというわけである。

　ほかの商品先物は金利ほど相関性は高くない。金属には金と銅が含まれる。金はインフレヘッジとして使われるが、銅は住宅建材として使われる。金と銅は基本的には関連性がない。トウモロコシとコーヒーはどちらも農産物だが、これらも関連性がない。原油と天然ガスさえも相関性を持つのは厳しい経済的イベントが発生したときのみである。

　先物ポートフォリオをトレードするときは、少なくとも3つのセクターでイクスポージャーが同じになるようにトレードすることが重要

### 図12.1　オレンジジュース先物の出来高（枚数）

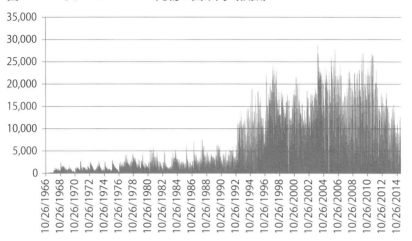

だ。これについては詳しくは第13章を参照してもらいたい。

## 商品先物市場のライフサイクル

　株式は消滅することがあるが、商品先物も消滅することがある。赤身豚肉は昔はライブホッグと呼ばれたが、今はリーンホッグと呼ばれている。「リーンホッグ」が何なのか、私はいまだに分からない。ポークベリー（豚バラ）はベーコンの材料になるものだが、かつてはトレーダーの間で人気だったが、今ではすっかり廃れてしまった。

　**図12.1**はオレンジジュース先物の出来高を示したものだ。出来高はこの３年間は下落傾向にある。これは、子供たちがオレンジジュースを飲まなくなったからだろうか。値段が高すぎるからだろうか。値段が高すぎるというのは本当の話だが、原因はほかにもある。１つには、消費者にとって飲み物の選択肢が増えたことが挙げられる。もちろんすべてが健康に良いわけではないが、選択肢が増えれば市場は希薄化

する。希薄化と言えば、消費者は「冷凍濃縮オレンジジュース」ではなくて、フレッシュジュースを好むようになった。つまり、人々は炭酸や添加物の入った飲み物は飲まなくなったということである。

　これは、市場は変化し、流動性は消えることを示す警告である。株式市場や先物市場をトレードするときはしっかり監視することが重要だ。今日のアップルが昨日のラジオシャックになるというわけではないが、アップルだって一時はつぶれかけていたことを忘れてはならない。

# 第13章

# 悪臭を放つリスクはいらない
I Don't Want No Stinkin' Risk

　私たちはリスクよりも利益について話したがる。テレビの経済ニュースには、株価がどれだけ上がるかという話をする人々ばかり登場し、リスクはどれだけあるかという話をする人はほとんどいないことに気づいたことはあるだろうか。金が年末には2000ドルにまで上昇する理由を説明する番組にばかりテレビのチャンネルを合わせ、アップルが価値の25％を失う可能性を議論している番組にはチャンネルを合わせていないのではないだろうか。

　確かに、大当たりに比べるとリスクはエキサイティングとは言えないかもしれない。あなたが知りたいのは、原油が90ドルや120ドルに上昇する前に50ドルで買うべきかどうかだろう。でも、それは間違っている。なぜなら、リスクのことを知らないで大きな利益など得られるはずがないからである。「もし2008年の金融危機のときにポジションを持っていれば、損失を取り戻せるどころか、それを上回る利益を手に入れることができたでしょう」と、コメンテーターは今日も相変わらず言い続ける。確かにそうかもしれない。しかし、多くの人はそうはしなかった。年金口座が半分、あるいはそれ以上目減りするのを見たら、ゼロになる前に退場したいと思うのが普通だ。それが金融危機のときに起こることである。つまり、人々はパニックに陥るのである。価格が50％も下落すれば、冷静ではいられないのは当然だ。

127

図13.1　ナスダック100指数

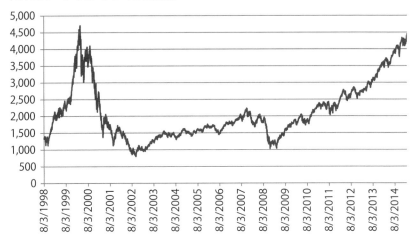

　2000年初期、ITバブルがピークに達した。1990年代の終わりに多くのトレーダーがナスダック株を買った。価格が永遠に上昇し続けるように思えたからだ（図13.1参照）。株価が下落し始めると、ファイナンシャルアドバイザーの多くは、「持ち続けよ。これは単なる修正にすぎない」と言った。指数が50％下落すると、「価格はこの辺りに落ち着くだろう」と言った。2001年4月、ナスダックが1500を下回ると、「なぜ今、手仕舞うのだ？　底はもう間近だというのに」と言った。最終的には2002年8月にナスダックは85％も下落した。責任感のある投資アドバイザーやファイナンシャルプランナーなら、85％も下落しているのにポジションを持ち続けよなどとは、アドバイスはしないだろう。それはリスクマネジメントなんかではなく、希望的観測にすぎない。プロならこんなことは言わない。

## 明確なプラン

　トレンドフォローの観点からすれば、2000年や2008年の長期トレンドではそこそこの損失を被って市場から撤退し、そのまま下落を静観したほうが良かったと言えるだろう。しかし、今は少し話が違う。今必要なのはリスクコントロールである。問題は日々のリスクではない。リスクコントロールを行うのは、めったにない例外に対処するためである。

　「クライシスアルファ」は新しい言葉で、これは先物パフォーマンスによって株式ポートフォリオを分散化する方法のことを言う。先物リターンはほとんどの場合は株式リターンには及ばないが、株式が下落する危機的状況においてはずば抜けたリターンを示す。

　第9章の「機会均等トレード」ではリスクの基礎について議論した。ここでおさらいしておこう。

①どのトレードも同じリスクから始めよ。

②システムの分散化は市場の分散化よりも良い。

③流動性に問題がなければ、すべてのレベルのリスクは同じにせよ。

④低位株は動きが不規則なので、避けよ。

⑤リスクマネジメントプランを持て。大概のトレードシステムにはリスクコントロールが組み込まれている。

　これは重要なので繰り返すが、「どんな1つのトレードにおいても大きなリスクをとれば、そのトレードのリターンはリスクに見合った大きなものでなければならない」。そうしたければ、どうぞおやりなさい。でも、私はそんなことはしない。

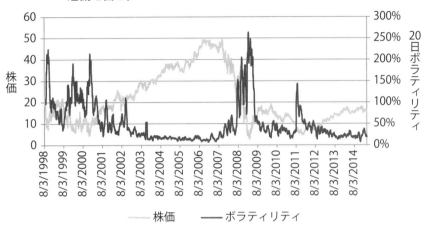

図13.2 バンクオブアメリカの株価とボラティリティ（2008年の金融危機を含む）

## 低位株は避けよ

　最良のリスクマネジメントはリスクを避けることである、という考えが一般にはあるが、これには一理ある。そのためにはボラティリティの基本を理解することが重要だ。

　低位株はほとんどのトレードシステムでは儲からないことが分かっている。**図13.2**はバンクオブアメリカ（BAC）の株価とボラティリティを示したものだ。バンクオブアメリカは2008年の金融危機の際、政府の救済策を受けた銀行の１つである。株価は薄い線で、目盛りは左側、年次ボラティリティは黒い線で、目盛りは右側だ。価格が下落した2008年にボラティリティがスパイク状に急上昇しているのが分かる。2011年にも再び同じことが起こっている。また、危機の間の期間である2003年から2007年までの期間に注目しよう。この期間では価格が上昇し、ボラティリティは下落しているのが分かる。2012年以降もそうである。私の考えによれば、低位株と高ボラティリティは避けるべき

である。良い機会はほかにもたくさんあるのだから。

　価格が安く、低ボラティリティのとき、日々のリターンは少ない。短期トレーダーにとってこれはコストを埋め合わせることができないことを意味する。トレンドフォロワーの場合、期待を下回るパフォーマンスしか上げられないことを意味する。

　ボラティリティを価格のパーセンテージで表した場合、価格が上昇するとボラティリティは下落する。絶対値で見ると、ボラティリティは上昇する。10ドルの株は最小変動幅が0.50ドルで、100ドルの株は4ドルだ。ドル価では変動幅は大きいが、パーセンテージでは小さい。低位株が危険なのは、例えば、バンクオブアメリカのような株式が不当に安い価格で売られたときである（これは売られたあとでないと分からない）。このときボラティリティは通常の2倍、3倍、5倍にもなる。ポートフォリオのなかで値嵩株と低位株を組み合わせればバランスが悪くなる。

## 100％を超えるボラティリティ？

　図13.2の右の目盛りはバンクオブアメリカの年次ボラティリティを示しているが、最高は250％になっている。もちろんこんなことはあり得ない。これは20日間だけの価格リターンを使い、それを年次ボラティリティに外挿したものである。これは形式的には間違いではないが、混乱を生じやすい。しかし、業界ではこれが標準的なので私たちもみんな使っている。これは一貫したやり方であり、オプションのインプライドボラティリティの公式と同じ公式が使われる。これらの数字は、リスクが高すぎてトレードすべきではないときを判断するのに使うことができる。ただし、これは実際のボラティリティではないことに注意してもらいたい。

131

# ボラティリティが非常に高いときはトレードするな

　バンクオブアメリカのチャートから言えることは、ボラティリティが非常に高いときはトレードすべきではないということである。私にとって「高い」とは、およそ50％を意味する（算出期間には20日を使用）。バンクオブアメリカの場合は、2003年から2007年辺りは低く、ゼロを若干上回る程度で横ばいで推移している。しかし、ボラティリティが高いときには儲けられないというわけではない。ただ、そんなときはリスクをとるのは見合わないということである。ボラティリティが高いときは極端に高いリターンを得ることはできないが、リスクが極端に高くなるため、収益的には悪くなる。高ボラティリティは恐怖だ。しかも、予測できないので、トレードサイズを大幅に減らす必要がある。とにかく、高ボラティリティのときにはトレードしないに限る。

## 価格ショックを回避せよ

　もちろんこれは冗談だ。いつ発生するか分からないものを回避できるはずもない。しかし、市場に参加する時間帯を減らすことで価格ショックに遭遇する機会を減らすことはできる。

　2つのトレード戦略から1つを選ぶとする。1つは常に市場に参入している戦略（例えば、マクロトレンドトレード）で、もう1つは15％の時間帯だけ市場に参入する短期戦略だ。したがって、短期戦略が価格ショックに遭遇する確率は、トレンド戦略よりも85％低い。また、価格ショックはトレンドポジション（一般大衆が保有している方向）と逆方向に動くことが多いので、トレンド戦略にはチャンスはあまりないかもしれない。一方、短期戦略は市場のいずれかの側にいる。おそらくはトレンドの方向ではない可能性が高い。価格ショックから利

益を得る可能性は、短期戦略のほうがトレンド戦略よりも大きい。したがって、短期システムの場合、価格ショックによって損切りさせられる確率15％は7.5％に減少するが、トレンドシステムが価格ショックによって損切りさせられる確率はほぼ100％である。

## ポートフォリオのドローダウン

　私たちはトレードしようとするとき、最大ドローダウンをヒストリカルテストや分析に基づいて予測する。パッシブな株式トレーダーの場合、ドローダウンは価格スイングを見て判断し、システムトレーダーの場合、リターン流列を使って判断する。また、先物の場合は、予想最大ドローダウンに基づいてレバレッジを決める。

　ポートフォリオのドローダウンを決めるとき、大きな不安要素が3つある。

### 1．ヒストリカルドローダウンを非現実的なまでに最小化するパラメーターを使ったのではないか

　これについてはすでに述べたとおりで、あなたは、現実的なコストを含む複数のパラメーターを使い、十分なデータを検証し、あなたがコントロールできるそのほかのこともすべてやった。

### 2．あなたの検証が正しくても、価格スイング、利益、損失は時間がたつにつれて大きくなる

　多くのデータを集めるほど、利益と損失が連続して出る確率は上昇する。これはコイン投げと同じである。コインを64回投げると（中途半端な数字で恐縮だが、この数字は2の累乗でなければならない）、4回続けて表か裏が出ることが1回は期待できる。コインを128回投げると、5回続けて表か裏が出ることが1回は期待できる。コイン投げの

133

回数を倍にするたびに、連続して表か裏が出る回数は1回ずつ増える。時間がたつと、コイン投げの回数は増え、より多くの利益あるいは損失の出る確率は上昇する。すべては数字で表現できるのだ。

### 3．最大リスクを決めていても、いきなり最大損失からスタートしてしまうことだってある。こんなとき、あなたならどうするか

あなたは戦略を10年にわたって検証してきた。株式市場のボラティリティが普通で、ポートフォリオの組み合わせも適切だとすると、10年で12％の損失を被る確率は16％で、ほかのドローダウンの額はそれぞれに異なる。これはそれほど悪くない数字だ。しかし、同じ時期に24％の損失を被る確率は2.5％で、36％の損失を被る確率は1％ある。十分な時間がたてば、こういったことも起こり得る。しかし、あなたのリスクマネジメントルールによれば、20％を超える損失を被った場合はトレードをやめる必要がある。プロのマネジャーはこの問題に常に直面している。なぜなら、顧客はより高いリターンを望むが、それに伴うリスクは考えないからだ。したがって、彼らは口座に人工的なリスク限度を設ける。

## ビジネスリスク

前のセクションの最後で述べたリスクを「ビジネスリスク」と呼ぶ。これはシステムリスクではなく、あなたが受け入れなければならない制約である。あなたはその顧客を引き留めておきたい、あるいはより大きなリターンを得て、リスクはその利益を得るまで現れないでもらいたいと思う。これはギャンブラーが負けるたびに賭け金を2倍ずつ増やし（ダブルダウン）、プレーの最初の50％では連続負けにならないことを祈るときの選択に似ている。彼らが正しければ、利益を得て次

**134**

のテーブルに移ることができる。でなければ、ゲームを降りるだけだ（可能性としては低い）。

トレードをやめなければならない損失が20％で、今あなたは15％の損失を被っているとすると、あなたはどうするべきか。同じ方法でトレードを続けるか、それともダブルダウンするか、それともポジションサイズを減らすか。損失が続く確率は低いが現実にはあり得るので、ダブルダウンはリスクが高すぎる。あなたがプロのマネジャーの場合、もしあなたが間違っていれば、顧客のお金とあなたのビジネスキャリアをリスクにさらすことになる。したがって、ダブルダウンは良い選択肢とは言えない。

同じレバレッジでトレードし続ければリスクは多少は減るが、それでもリスクは依然として高い。確率的には、最大損失を超える可能性はときどきある。イチかバチかやってみようと思うだろうか。おそらくは思わないだろう。

残された選択肢は１つだけである —— 将来的な損失を減らすために、ポジションサイズを減らし、それに伴ってレバレッジも減らす。しかし、これまでの損失を取り戻すのは難しい。それが問題なのだ。口座は何とか残せるが、パフォーマンスが改善してもピアグループをアンダーパフォームするだろう。

個人的には、選択の余地はあまりないような気がする。レバレッジを減らすことで、最大ドローダウンに達する可能性は減る。これはあなたのビジネスにとっても顧客にとっても良いことだ。損失が最大損失の２分の１か３分の２に達したらポジションサイズを減らすのが良い。15％または20％刻みでポジションを減らし、最終的には最初のレバレッジの15％までレバレッジを減らす。損失が最大損失の２分の１か３分の２には達しないことを願っているが、もし達したら、この措置によって口座を救うことができる。

135

# 再びレバレッジを上げる

ポジションサイズを減らすのは簡単だ。口座資産が減少するたびに、ポジションサイズを均等に減らせばよい。問題は、再びポジションサイズを上げていくときである。まず最初に理解しておかなければならないことは、システムが再び機能し始めたとき、利益はしばらくは出ないということである。システムが利益を出し始めた初日に、すべてのポジションを元に戻すことはできない。私の知るかぎり、自動的に賢くこれをやる方法はないが、私が最高と思える方法を紹介しておこう。

あなたのリスクマネジメントルールに基づく最高損失である20％のうち、15％の損失を出したとする。今のレバレッジは最初の投資の25％である。したがって、元のレバレッジに戻すには、あと75％上げる余地がある。こんなときは次のルールに従うとよい。

● フルレバレッジを掛けた最初のポートフォリオの５％だけ利益が出るのを待つ。
● 次に、およそ２％の損失（リトレースメント。利益の５分の２）が出るのを待つ。
● 10％～20％だけレバレッジを上げる。

プルバック（押しや戻り）を待つのは、利益が出たあといきなりレバレッジを上げて、その直後に再びドローダウンに見舞われると困るからだ。もっとアグレッシブに行きたい場合は、プルバックを待つ必要はないが、再び損失を出せば、直ちにレバレッジを下げる必要がある。レバレッジを上げたり下げたりはあまりに頻繁に行うべきではない。

# 第14章

# ポートフォリオのために
# 最良の株式と先物を選ぶ
Picking the Best Stocks (and Futures Markets) for Your Portfolio

　残念ながら、私は自分の戦略を使ってS&P500の全銘柄をトレードするだけの資金を持ち合わせていない。したがって、パフォーマンスが平均を、願わくば、大きく上回るような銘柄を選択する必要がある。こういう戦略を「スマートベータ」と言うらしい。しかしこれは「アルファ」でもある。パフォーマンスの優れた銘柄を組み込むことができれば、ポートフォリオの価値は大幅に上がる。

## 多くを望みすぎるな

　常に現実的な期待を持つことが重要だ。数年前、私は多大な時間を使って典型的なポートフォリオアロケーションプログラムを開発した。それはハリー・M・マーコビッツの平均分散モデルに基づくものだった。平均分散モデルは、リスク、リワード、相関に基づいて最適ポートフォリオを決めるというもので、長年にわたって業界のベンチマークになってきた。このモデルは予測価値を持つという証拠がないので、ここでは議論しない。これは過去のデータに基づいてポートフォリオの最適な資産選択を行うだけである。私は実際のトレードでは、市場を上回るようなポートフォリオを作りたい。

　プログラミングと数学の得意な私は、優れたリターンが得られるだ

137

けでなく、リターンが安定して向上するような最良のポートフォリオ
を作ろうと思った。つまり、リターンが直線状に上昇するようなポー
トフォリオというわけである。

　データをあれこれといじくり、勝ちトレードに大きなウエートを置
き、大きな資産スイングを生ずるようなトレードを無視すれば、素晴
らしいポートフォリオが得られるだろう。しかし、このポートフォリ
オをトレードし始めたところ、あるいはアウトオブサンプルでパフォ
ーマンスをモニターし始めたところ、結果はひどいものだった。実際
にはあり得ないようなリターンを強制的に導こうとすればひどいこと
になるということである。ポートフォリオやトレードシステムを、あ
なたがコントロールできるような形で予測したり構築するのは不可能
なのである。市場には独自の思惑があり、あなたの計画になんて合わ
せてくれないのである。

　本書の最初で、「ルーズフィットのパンツはだれにでも合う」と言っ
たが、これは戦略やポートフォリオにも当てはまるのである。

## 実用的な解決法

　あなたには株式市場に投資する資金が10万ドルあり、良い戦略も開
発した。市場には活発にトレードされている銘柄が何百とあり、あな
たはそのなかから自分のポートフォリオに組み込む最良の10銘柄を選
びたいと思っている。さて、どうすればよいだろうか。これはあなた
が考えるほど難しいことではない。ほかの章でも見たように、物事は
複雑にするよりも単純なほうがよい。

　まず、株式市場と先物市場を戦略に基づくパフォーマンスでランク
付けする。例えば、金利はトレンドシステムで最もうまくいき、株価
指数は平均回帰システムでうまくいく。もちろん、毎日良い結果が出
るとは限らない。2008年や2012年には金利はマクロトレンドポートフ

138

## 図14.1　米国と欧州市場に投資された先物のトレンドポートフォリオのリターン

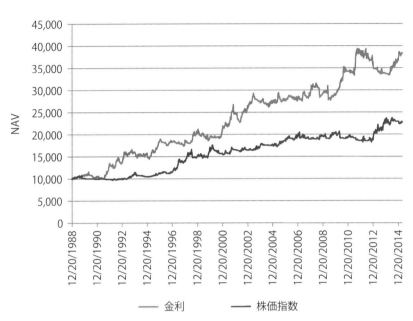

　ォリオで最大の損失を出した。機関投資家のポートフォリオでは不釣り合いなほどに大きな金利ポジションを保有していたため、損失は莫大な額に上った。

　**図14.1**は、米国と欧州市場に投資するよく分散された先物ポートフォリオの金利と株価指数のNAV（基準価額）を示したものである。2008年まで順調に伸びてきたどちらのセクターも、2008年以降はパフォーマンスは不安定な動きをしたり、横ばいに変わった。リターンが上昇していく可能性のある銘柄を探さなければ、機関投資家は長きにわたるアンダーパフォーマンスを覚悟するしかないだろう。

　次に**図14.2**を見てみよう。PIMCOトータル・リターン・ファンド（PPTRX）のNAVは不安定に上下動していることが分かる。このた

### 図14.2 PIMCOトータル・リターン・ファンドのNAVと運用資産額（AUM）

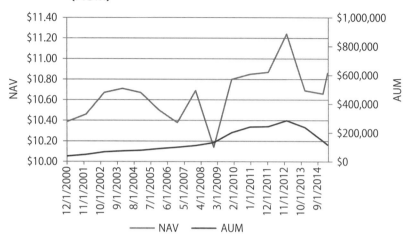

め、およそ40％の資金が解約された（https://www.pimco.com/ を参照）。

## パフォーマンスのランク付け

　PIMCOやアンダーパフォーマンスの問題を避けるためには、成功する可能性の高い銘柄をポートフォリオに組み込む必要がある。しかし、それほど前にさかのぼる必要はない。過去２年間、その戦略で利益が出ていれば、その戦略はうまくいくと考えてもよいだろう。利益の大小は問題ではなく、ただ利益を出していればよい。

　まず最初に、過去２年間に損失を出した銘柄をすべて排除する。そして残りの銘柄について、短い期間（例えば、３カ月）におけるパフォーマンスでランク付けする。最後に、パフォーマンスの良いものからポートフォリオに組み込んでいく。

ランク付けには利益だけを使うことに注意しよう。インフォメーションレシオ（リターンをリスクで割ったもの）はどうなのだろうか。こういった指標を使えば、良いリターンは得られるが、小さいながらリスクもある。非常にスムーズで、資産の下落のないリターンだけを見ることが重要だ。しかし、求めることが多すぎやしないだろうか。条件を設けすぎて、銘柄の選択を制約してしまえば、良い銘柄を選ぶことはできなくなる。これはトレードルールをオーバーフィットするのと同じである。銘柄にパフォームの仕方をあれこれ指図することなんてできない。基準はシンプルなのが良い。「ルーズフィットのパンツ」のことを思い出そう。したがって、ランク付けには利益だけを使うのがベストだ。しかし、もっと複雑なものを試してみたい人は、もちろん試してみてもかまわない。

これで市場をアウトパフォームする可能性の高い数個の銘柄で構成されたポートフォリオが出来上がった。しかし、注意しなければならないことがある。市場をアウトパフォームする銘柄は市場よりもボラティリティが高いため、良い日には大きな利益が期待できるが、悪い日には大きな損失が出るということである。これはベータの高いポートフォリオに似ているが、厳密に言えば違う。

この方法は先物にも応用できる。まず、パフォーマンスで銘柄をランク付けし、パフォーマンスの良いものからポートフォリオに組み込んでいく。先物については、1つのセクターから選ぶ銘柄数に制限を設ける必要がある。こうすることで、1つのセクター、例えば金利などに、すべてのお金を投じるということはなくなる。利益の出るのが金利だけの場合、ポートフォリオに含む銘柄数を減らし、レバレッジも下げる。利益の出ない銘柄をポートフォリオに組み込んで幅広く分散化したポートフォリオを作成するよりも、利益の出る少数の銘柄を組み込んだほうがよい。

## 銘柄の入れ替え

ポートフォリオに10の銘柄を組み込んだが、ある時点までいくとこれらの銘柄のいくつかはほかの銘柄よりもパフォーマンスが落ちるかもしれない。そんなときは、パフォーマンスの落ちてきた銘柄はポートフォリオから排除し、別のもっとパフォーマンスの良い銘柄と入れ替える必要がある。

やり方は簡単だ。多くの銘柄（少なくとも250銘柄）をシステムパフォーマンスに基づいて毎日ランク付けする。あなたの選んだ10銘柄がランキングの上位15銘柄に含まれていれば、それらの銘柄は保有し続ける。10銘柄のうち1つの銘柄が16位だった場合、その銘柄を排除し、まだポートフォリオに含まれていないランキングの高い銘柄と入れ替える。

あなたが排除した銘柄はまだ利益を出しているかもしれないが、上のランキングの銘柄ほどの稼ぎはない。これはオーバーフィッティングに思えるかもしれないが、これは最新のポートフォリオテクノロジーであり、非常にシンプルだ。だから機能するのだ。

私がやったように、あなたも10の銘柄で構成されたポートフォリオを作成し、ヒストリカルパフォーマンスを自分で計算してみよう。次に、銘柄数を8つに減らす。ランキングの高い銘柄を使っているので、パフォーマンスは上昇するはずだ。しかし、銘柄数を減らしたので、ボラティリティは高くなるかもしれない。バッファーゾーン（あなたの選んだ銘柄が上位15銘柄に入っているかどうかを見て、入っていなければその銘柄を除去するが、このときの余分な5銘柄をバッファーゾーンという）を4や3に減らしてみてもよいだろう。こうすることで、入れ替え回数が増えるはずだ。あるいはバッファーゾーンを増やして、あなたの銘柄を長く保有する。自分のトレードプログラムについてはできるだけよく知るべきである。そうすることでそのプログラムを自

142

信を持って使えるようになる。

# 第15章

# 銘柄に戦略を合わせる
Matching the Strategy to the Market

　25ページで、価格ノイズを測定するものとして「効率レシオ」という概念を紹介した。ノイズが低いということは、価格がスムーズに動いていることを意味する。「スムーズ」とはボラティリティとは無関係で、価格が一方方向に動いていることを意味する。方向が変わると、今度は新しい方向に継続して動き出す。低ノイズはトレンドフォローにとって都合が良く、高ノイズは平均回帰にとって都合が良い。本章では銘柄のランク付けについて見ていく。銘柄をランク付けすることで、あなたの戦略にとって成功する可能性の高い銘柄がどういった銘柄なのかが分かってくる。

　効率レシオとは、ｎ日間の値動き（ｎ日の最初と最後の価格の差）を、それぞれの日における絶対値の合計で割ったものである。銘柄が１つの価格から別の価格に直線状に動いた場合、その銘柄の効率性は高く（完全に効率的）、トレンドフォローのような方向性アプローチで利用することができる。価格が酔っぱらった船乗りの歩きのように上下動を繰り返しながら動く場合、その銘柄は非効率的であり、効率レシオは低く、平均回帰アプローチで利用することができる。

　効率レシオは、個々の株式に適用するよりも、先物やETF（上場投資信託）に適用したときのほうが正確だ。なぜなら、個々の株式はニュースやCEO（最高経営責任者）の辞任、外為ヘッジで大きな損失を

145

図15.1 ノイズの比率で株式をソート

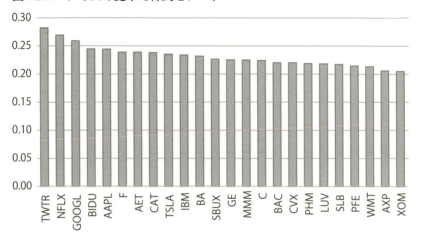

出したという発表、あるいはそのほかの独特のイベントによって性質が変化する可能性があるが、指数や流動性の高い先物の銘柄などは長期にわたって値動きの性質は変わらないからである。

## 株式のノイズ

自分自身の観測に基づいて特定の銘柄の性質を見極めたいと思っている人にとって、次に述べることは役立つはずだ。1つ目は、選んだ株式のチャート（**図15.1参照**）で、これは効率レシオの高い（強いトレンド）順に並べている。ハイテク株は左側にあることに注意しよう。これは強いトレンドがあることを意味する。エクソンモービル（XOM）、アメリカンエキスプレス（AXP）、ウォルマート（WMT）といったローテク株は右側にある。これは大きなトレンドがない、つまり小さな上下動を繰り返していることを示している。これらはノイズ指標を使えば正しく分類することができる。

## 図15.2 ノイズが極端なNFLXとXOMの株価（上は2003/1～2015/1、下は2015/1/2～2015/9/2）

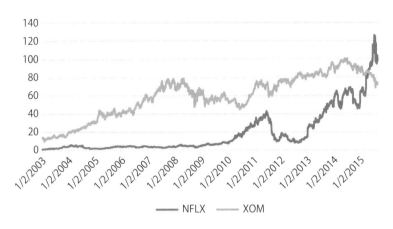

　図15.1上でネットフリックス（NFLX）とエクソンモービルの違いを区別できるだろうか。ノイズは20日期間ごとの平均効率を測定しているので、簡単には区別できない。図15.2を見てみよう。これは図15.1のほぼ両端に位置する銘柄（ネットフリックスとエクソンモービル）の株価を示している。ネットフリックスをトレンド相場にしてい

147

るのは、2010年ごろまでの長期にわたる小さな動きではなくて、最近の突発的な急騰と急落である。これに対して、エクソンモービルの値動きはもっと頻繁に上下動している。

## ETFのノイズ

ETFの場合、一部の株式は流動性が高い。これらの株式自体ノイズが多く、したがってほとんどのETFもノイズが多い。しかし、各銘柄のノイズレベルについては別のファクターも存在する。それはトレード活動と参加者の性質である。あまり活発にトレードされていない銘柄や新しい銘柄は少数の当業者しか取引に参加していないことがある。これらのプレーヤーは、価格がどうなるのかについての見方はほとんど同じで、こういった銘柄では値動きが著しく持続し、出来高は薄い。したがって、効率レシオは高く、トレンドフォローに打ってつけである。こういった銘柄は短期利益の非常に良い機会を提供してくれるため、注目に値する。

## 先物のノイズ

先物市場は、株式、FX、金利、商品など多岐にわたるため、私にとっては最も興味深い市場だ。先物市場は爆発的な動きをするものもある。**図15.3**は株式よりもはるかに幅広い視点を与えてくれる。左側には、中央銀行の政策に追随する短期金利市場があり、右側には、いろいろな投資家が参加する株価指数市場がある。S&P500がナスダックよりもはるかに右側にあることに注意しよう。これはナスダックはS&P500よりも価格スイングが大きく、ノイズが少ないことを意味する。

結論を言えば、ほとんどのトレード戦略では、短期金利についてはブレイクアウトの方向にトレードするのがよく、株価指数市場につい

### 図15.3 ノイズの比率で先物をソート

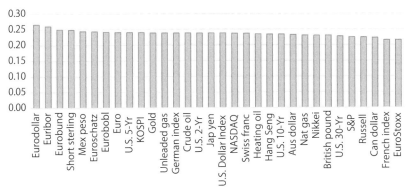

ては逆張りするのがよい(上方へのブレイクアウトで売り、下方へのブレイクアウトで買う)。

# 第16章

## トレンド戦略の構築
Constructing a Trend Strategy

　健全なアルゴリズムトレード戦略の構築についてはこれまでたくさん議論してきたが、これらのアイデアを固めるには議論をまとめる必要がある。長期トレンドに基づく戦略を構築したい場合、戦略について意思決定しなければならないことはたくさんある。

①トレンドテクニック
②買いと売りのルール
③損切りをはじめとする個々のトレードのリスクコントロール
④利食いと再仕掛け
⑤1つ、あるいは複数の仕掛けと手仕舞い

　どういった戦略についても意思決定しなければならないことは以下のとおりである。

①ポジションサイジング
②ボラティリティフィルター
③検証プラン（検証する銘柄、戦略が機能する期間、成功かどうかを
　判断するときの基準）
④株式、ETF（上場投資信託）、または先物市場のポートフォリオを

151

構築・検証

もっと複雑にすることはできるが、これらの項目をクリアできれば、成功する可能性の高い戦略を構築できたも同然だ。

## トレンド

長期トレンドは市場の基調的な方向性をとらえるものだ。つまり、価格が経済政策にどう反応するかをとらえるということであり、日々のニュースによるノイズは無視される。長期（「マクロ」）トレンドは成功した歴史を持つため、私たちも参加したいと思うトレンドだ。トレンドを見つけるために最もよく使われるのは、移動平均線、ブレイクアウト、線形回帰である。

前にも述べたように、これらの戦略は短期間にはパフォーマンスは少しずつ異なる。長期的には、これらの戦略はトレンドが形成されると利益を出すが、トレンドが形成されなければ利益は出ない。これらの戦略の違いはリスク特性である。

「移動平均線」は早めに損切りすると同時に、長期的な動きをとらえようとするものだ。一般に、全トレードの30％から35％しか利益にならないが、利益の大きさは損失の大きさの2.5倍から3.0倍だ。小さな損失は問題にはならないが、小さな損失が続けば大きな損失につながる。

「ブレイクアウト」は高値を更新したら買い、安値を更新したら売る戦略だ。高値と安値との差がトレードリスクになる。例えば、長期ブレイクアウト（例えば、80日）の場合、80日の高値と80日の安値との差がリスクになる。これはかなり大きなリスクになる可能性がある。一方、価格はその範囲内のどこででも反転する可能性があり、損切りに引っかかることはない。したがって、利益の出るトレードのパーセンテージは移動平均線よりもはるかに高く、およそ60％だ。

152

「線形回帰」のリスクは移動平均線とブレイクアウトの中間で、利益の出るトレードのパーセンテージも移動平均線とブレイクアウトの中間である。線形回帰がほかの2つと大きく異なる点は、線形回帰では価格が直線を使って平滑化されるという点だ。その直線の傾きが上向きになったら買い、下向きになったら売る。アナリストによっては、直線上下にバンドを設け、それを1日だけ進ませて、価格がバンドを抜けてブレイクするかどうかを見る。今が上昇トレンドで、価格が下のバンドを下に交差したら、トレンドは下降トレンドに変わることが予想できる。

## 買いと売りのルール

話を簡単にするため、移動平均線が上昇したとき、終値が前の高値を上に抜けてブレイクしたとき、または回帰線の傾きが上向きになったら買うものとする。これら3つのなかでは、価格が高値を更新したら買いを仕掛けるため、タイムラグのないブレイクアウトが一番反応が早い。

この逆が起きれば売る。ただし、売るのは先物だけで、株式やETFは売らない。株式市場にはバイアスがあり、値動きが上昇サイドと下降サイドでは非対称であるため、売ってもスローなトレンド手法では利益が出る可能性は低いからだ。日中トレードではこの問題とは無縁だ。これについては次章で詳しく見ていく。

## 最初の検証

ここで残りの問題について考えてみよう。残りの問題は以下の2つである。

153

●どの期間を使うべきか
●どの市場（銘柄）をトレードすべきか

　価格の方向をとらえるためには、少なくとも２カ月分、あるいは３カ月分のデータが必要になる。250日のトレンドを使えば、季節性を考える必要はなくなるが、トレード数が極端に少なくなる。経験によれば、実用的な最も長い期間は250日の半分の120日である。検証を行うときには40日から120日の範囲をカバーしたいが、これは等間隔というわけではない。例えば、40日から50日にした場合、データを25％追加したことになるが、110日から120日ではデータは９％しか追加されない。この問題を解決する最も簡単な方法は、30、45、67、101、151日で検証することである（それぞれの日数の1.5倍）。あるいは25％ずつ増やしてもよい（一定の日数を追加するのではなくて、増分はあくまでパーセンテージで算出）。

　次に、検証の期間を決める。スロートレンドでは、有効なサンプル（トレード数）を得るにはより多くのデータが必要になる。トレード数が４つでは不十分で、長期トレンドでは100は必要だ。トレード数は多ければ多いほどよい。データには、上昇相場、下降相場、横ばい相場が含まれていなければならない。これは、1980年以降、利回りが下がり続けている金利市場では難しい。しかし、株式市場の場合、1990年代にさかのぼればすべての相場をカバーできる。

　次に、どの銘柄をトレードすべきかについてだが、これはあなた次第だ。金利は最高のトレンドを形成しているが、分散化は難しい。FXもトレンドを形成しているが、短期間だけである。主要通貨も良いトレンドを形成しているが、クロスレートにはトレンドはない。株式は問題がある。2008年の金融危機以降、市場全体はトレンド相場にあった。ドットコム会社が好調だった1990年代の終わりもそうだった。しかし、これは株式市場では普通ではない。通常、株式市場はノイズが

第16章　トレンド戦略の構築

多く、平均に回帰する。したがって、株価指数市場は良い分散化を提供してくれ、時としてトレンドも形成するが、利益の主な源泉をこの市場に依存してはならない。とにかく、「あなたがトレードする市場（銘柄）を知る」ことが重要だ。

## コスト

　コストのことを忘れてはならない。トレードはタダではできない。スローなトレンドシステムはそれほど頻繁にはトレードしないため、コストは問題にならないが、株式トレードでは1トレード当たり1ドルから10ドルのコスト（大きな注文は1株当たりのコストがかかる）がかかり、それに加え、スリッページも発生する。先物のコストは1トレード当たり4ドル、高くても15ドルと安いが、スリッページが非常に大きい。慎重を期すべきだが、システムに不必要なコストを負わせる必要はない。

## 期待

　期待は重要だ。トレンドの期間として10種類を検証するとした場合、あなたはいくつの期間が利益を生むことを期待するだろうか。理想的には7つ（70％）だ。利益は連続的でなければならない。例えば、最初か最後のトレードが損失でも、ほかのすべてのトレードで利益がでれば、私はそれらは成功とみなす。利益と損失が交互に発生した場合、その戦略はランダムな性質を持つので、私だったら却下する。

　市場についてはどうだろう。例えば、先物を検証しているとすると、金利（すべての金利市場）のパフォーマンスは良いことを期待する。したがって、米国債は利益を出しているが、ブンズ（10年物ドイツ国債）とユーロボブル（5年物ドイツ国債）で利益が出ていなければ、それ

155

はちょっとおかしいということになる。通貨を価格ミックスに加えれば、ボラティリティは高くなることが予想されるが、金利とFXは強いトレンドを形成する市場なので、利益が期待できる。セクター内で一貫して利益が出ていれば、どれくらいの利益が出たかは問題ではない。

## 最初の目標をクリアする

基本的な買いと売りのルールは、さまざまな期間とさまざまな市場（銘柄）で機能することが重要だ。機能しなかった場合、そのアイデアは見直す必要がある。ルールを１つ加えれば、負けるアイデアを勝つアイデアに変えることができることを見込んで、ルールを追加し、戦略を複雑にすることは良い考えだとは思わない。まず重要なのは、基本的な概念が堅牢であることである。基本的な概念が堅牢であってこそ、そのアイデアをさらに発展させることができるのである。

第４章では米30年物国債と原油のトレンド期間を検証した（**図4.6**と**図4.7**参照）。どちらも60の検証のうち利益を出さない期間は１つしかなかった。これはどんなシステムにとっても高いハードルだ。とりあえずこれはこれとして、今回はユーロ通貨を検証してみることにしよう。この検証では、ブレイクアウトに損切りを追加する。損切りの値はこのトレードの最も高い利益から算出した20日ボラティリティの倍数とする。これは実質的にはトレーリングストップになる。損切りに引っかかったら、同じ方向に再び仕掛けることはできず、逆方向のトレンドを待たなければならない。適切な損切り幅は3ATR（真の値幅の平均）以上になるだろうか。これより小さくすれば、価格ノイズによって頻繁に損切りに引っかかることになる。ユーロを選んだのは、ドルでは大きなスイングが発生するが、ユーロは全般的にトレンド市場であり、金利よりも動きが速いからである。

第16章　トレンド戦略の構築

## 図16.1　ブレイクアウトとトレーリングストップを使ったEURUSD先物の純利益マトリックス

| トレンド期間 | 10 | 9 | 8 | 7 | 6 | 5 | 4 | 3 | 2 |
|---|---|---|---|---|---|---|---|---|---|
| 100 | 618563 | 577350 | 454550 | 1715325 | 1707600 | 1178788 | 1464725 | 1547988 | 658838 |
| 90 | 611988 | 630875 | 733850 | 1873325 | 1826838 | 1274025 | 1292125 | 1350125 | 421013 |
| 80 | 353750 | 148325 | 34300 | 1298775 | 1063775 | 843975 | 680700 | 805675 | -92863 |
| 70 | 432713 | 470300 | 537838 | 1411463 | 1280125 | 763525 | 872100 | 908763 | -60775 |
| 60 | 1126100 | 1135900 | 1222425 | 1096275 | 799638 | 728900 | 373750 | 508138 | -341500 |
| 50 | 998713 | 1005213 | 1022513 | 1058388 | 725888 | 720063 | 268413 | 552500 | -432450 |
| 40 | 828975 | 828975 | 846275 | 1139738 | 918713 | 774013 | 450550 | 670013 | -362675 |
| 30 | 777425 | 777425 | 768125 | 821925 | 765088 | 1290238 | 1203825 | 1046238 | -28225 |
| 20 | 1045063 | 1053875 | 1069625 | 963825 | 977225 | 1006588 | 764375 | 1378075 | 520913 |

（損切り係数）

　図16.1のヒートマップ（色分け図）は検証の結果を示したものである。縦軸はトレンドの期間を示し、横軸は損切り係数を示している。左上は、最もスローなトレンドと最も大きな損切り係数、右下は、最もファストなトレンドと最も小さな損切り係数である。一番右の列は損切り係数が最も小さいときの結果を示している。各リターンにはどれくらいのリスクが含まれているのかを知るためにインフォメーションレシオを知りたいところだと思うが、ここに示した数値は純利益である。

　最も重要なのは大局的に見ることである。このケースの場合、81の検証のうち75の検証で利益が出た。つまり、このシステムは堅牢ということになる。損失を出したのは、損切り幅が最も小さい（係数は2ATR）ときだけである。つまり、損切り幅が小さすぎると、マーケットノイズによって損切りに引っかかってしまうということである。このヒートマップを見ると、利益のピークは真ん中辺りにあることが分かる。つまり、検証範囲は正常ということである。全81の検証の平均利益は82万1672ドルで、損切りを使わなかったときの結果である76万3267ドルを上回っている。全体的には、この損切りルールはこの銘柄

では機能するということが言える。

　次に、トレーリングストップを追加してみよう。しかし、どういったパラメーターを使えばよいのだろうか。最良の結果が得られたのは、90日のブレイクアウトと損切り係数として7を使ったときである。しかし、損切り係数として8を使ったとき、スローなトレンドでは最悪の結果になっていることに注意しよう。90日のブレイクアウトと7の損切り係数は良い選択なのだろうか。

　この問題を解決する方法は2つある。

①複数のパラメーターを使って、全グリッドのサンプルを取って平均リターンを算出する。平均リターンは非常に良かったので、これは良い選択と言える。

②ほかの銘柄を検証して、最良の損切り係数を見つける。結局、この検証では、トレードは限定的で、この銘柄に最もフィットした係数を選んだにすぎない。現実的に考えると、過去にうまくいったパラメーターが将来的にもうまくいくとは限らない。この損切りは大きな損失からシステムを守ることはできたかもしれないが、もう少し大きいほうがもっと良い結果が出せたと思われる。

　これをほかの視点から見てみよう。81の検証結果の平均と標準偏差を使えば、最良の結果が得られるのは1.3％しかないことが分かる。何という低い確率！　これにはちょっと驚きだ。将来的にも正の結果が出る可能性は非常に低い。したがって、複数のパラメーターを見たほうがより現実的だということである。

　スローなブレイクアウト戦略が堅牢であり、損切りがEURUSDで機能することを証明する重要なステップをクリアしたので、そのほかの特徴を見ていくことにしよう。

## 図16.2 ブレイクアウトと利食いを使ったEURUSDの純利益マトリックス

| トレンド期間 | 利食い係数 | | | | | | | | | NoPT |
|---|---|---|---|---|---|---|---|---|---|---|
| | 10 | 9 | 8 | 7 | 6 | 5 | 4 | 3 | 2 | |
| 100 | 630775 | 871337 | 647400 | 1500550 | 1124825 | 961100 | 579575 | 262612 | 227512 | 447925 |
| 90 | 2233288 | 2019713 | 1752750 | 1511838 | 1168575 | 1037013 | 652087 | 364562 | 315687 | 765375 |
| 80 | 2153150 | 1951775 | 1464063 | 1236263 | 881600 | 572425 | 242237 | -51912 | -103913 | 228463 |
| 70 | 2147700 | 1964913 | 1563025 | 1351438 | 1002863 | 673925 | 362125 | 75987 | -18287 | 573775 |
| 60 | 1742275 | 1615888 | 1662525 | 1389800 | 1018025 | 658900 | 377900 | 71637 | -36287 | 1217250 |
| 50 | 592425 | 1019913 | 1508175 | 1348525 | 968550 | 717575 | 473862 | 155762 | 76025 | 936350 |
| 40 | 858925 | 1246288 | 1163200 | 906287 | 372125 | 144412 | -110825 | -203788 | 122700 | 876400 |
| 30 | 36925 | 642575 | 600562 | 495562 | 627525 | 491875 | 333087 | 375912 | 856387 | 872563 |
| 20 | 524512 | 284200 | 265400 | 479675 | 252275 | 25650 | -143550 | 89687 | 618187 | 951300 |

# 利食い

それぞれの特徴は、ほかのルールとは無関係に機能する必要がある。そこで、基本的なブレイクアウトに利食いを追加してみよう。損切りと同じく、ここでもATRを使う。利益目標はATRに仕掛け価格を加えたものか差し引いたものである。ATRが変われば利益目標も変わるが、元のトレードの仕掛け価格から算出するという点は変わらないため、それほど大きく変化することはない。次に示す検証では、ブレイクアウト期間は20から100で、これは縦軸に示している。また、利食い係数は2から10で、これは横軸に示している。**図16.2**を見てみよう。全検証の平均は76万6375ドルで、利食いを使わなかったときの平均76万3267ドルとあまり変わらない。良い点は、良い結果が左上のほうに集中している（スローなトレンドで大きな利益が出ている）点であり、利食いしたあとは市場から撤退することができる。また利食いを加えることで、利益の出るトレードのパーセンテージは68%に上昇している。およそ3分の1のトレードが利益を出していることになり、これは非常に高いパーセンテージだ。

利食いを最大限有効に活用するには、トレードをもっと低い価格で
仕掛け直す必要がある（買っている場合）。これによってさらに利を伸
ばすことができる。S&Pのようなノイズの大きな市場では利食いから
得られる利益は増加するが、ユーロドル金利や英ポンド短期金利先物
のような強いトレンドがある市場では、利食いによるメリットはあま
りない。

## ボラティリティフィルター

　最後に試してみたいルールはボラティリティフィルターだ。トレン
ドシステムでは、高ボラティリティで仕掛けたり、ボラティリティが
極端なときにトレードを保有するのは、リターンよりもリスクが高ま
る。もちろん、リスクが高まるなんてまっぴらごめんだ。ボラティリ
ティは銘柄ごとに異なる。特にレバレッジの高い先物市場ではボラテ
ィリティは大きく異なる。ユーロ通貨（EUR）は米ドル（USD）に対
して、価格が大幅に変動するといったことが続いたこともあるが、ボ
ラティリティが非常に低い期間も長く続いた。

　ボラティリティフィルターでは、日々の価格リターンの年次標準偏
差に252の平方根を掛けたものを使う。ほとんどの銘柄では年次ボラテ
ィリティが0.40（40％）を上回ると高いとみなされ、これは避けなけ
ればならない。EURUSDのボラティリティはこれに比べるとはるかに
低い。ボラティリティが私たちの閾値フィルターを上回ったときはト
レードを手仕舞い、新たには仕掛けない。

　ボラティリティフィルターの検証化結果を示したものが**図16.3**であ
る。検証結果の平均は77万1117ドルで、ベンチマークの76万3267ドル
よりも若干良いが、利益はフィルターサイズが0.15のときに集中して
おり、フィルターサイズがこれよりも小さくなると利益は極端に少な
くなる。この値は細かく調整されたもので、この銘柄にとって堅牢な

## 図16.3　ブレイクアウトとボラティリティフィルターを使ったEURUSD先物の純利益マトリックス

ボラティリティフィルター

| トレンド期間 | 0.60 | 0.55 | 0.50 | 0.45 | 0.40 | 0.35 | 0.30 | 0.25 | 0.20 | 0.15 | 0.10 | No Vol |
|---|---|---|---|---|---|---|---|---|---|---|---|---|
| 100 | 447925 | 447925 | 447925 | 447925 | 447925 | 447925 | 447925 | 447925 | 505725 | 1801900 | 532563 | 447925 |
| 90 | 765375 | 765375 | 765375 | 765375 | 765375 | 765375 | 765375 | 765375 | 584463 | 2056875 | 196550 | 765375 |
| 80 | 228463 | 228463 | 228463 | 228463 | 228463 | 228463 | 228463 | 228463 | 614200 | 1555838 | 312738 | 228463 |
| 70 | 573775 | 573775 | 573775 | 573775 | 573775 | 573775 | 573775 | 573775 | 623988 | 1732275 | 274700 | 573775 |
| 60 | 1217250 | 1217250 | 1217250 | 1217250 | 1217250 | 1217250 | 1217250 | 1217250 | 265725 | 1428850 | 28375 | 1217250 |
| 50 | 936350 | 936350 | 936350 | 936350 | 936350 | 936350 | 936350 | 936350 | 385925 | 1584138 | -31250 | 936350 |
| 40 | 876400 | 876400 | 876400 | 876400 | 876400 | 876400 | 876400 | 876400 | 1012400 | 1151488 | -394075 | 876400 |
| 30 | 872563 | 872563 | 872563 | 872563 | 872563 | 872563 | 872563 | 872563 | 902663 | 833863 | 99163 | 872563 |
| 20 | 951300 | 951300 | 951300 | 951300 | 951300 | 951300 | 951300 | 951300 | 998038 | 1388550 | 939738 | 951300 |

ものではない。低ボラティリティが続いていることを考えると、フィルターサイズを少し変えただけでパフォーマンスが大きく変わる可能性があるが、S&P500や原油などボラティリティの高い先物市場ではそういったことはない。

# ルールを組み合わせる

EURUSDの場合、ブレイクアウト戦略に、損切りと利食いを加えると良いだろう。ボラティリティフィルターを加えても結果は予想していたほど良くはなかったので、今のところはボラティリティフィルターは無視する。

最良の期間、最良の損切り、最良の利益閾値を選択すれば、オーバーフィットしたシステムが出来上がってしまう。それでもうまくいくかもしれないが、将来的な値動きが過去と同じでなければ期待どおりにはいかないだろう。

それはともかくとして、検証グループの平均リターンを目標として設定する必要がある。このケースの場合、最適化の平均結果を目標と

することにする。例えば、ブレイクアウトの場合、最良結果は60日ブレイクアウトを使ったときで、利益は121万7250ドルだった。一方、20日から100日までの全検証の平均は76万3267ドルで、最良結果よりもおよそ37％低かった。将来的に何が起こるかは分からず、どの期間が最も良いのかも分からないため、平均を最良の予測とみなす以外にない。これがあなたの期待値になる。

## 複数の仕掛けと手仕舞い

　これはシステムに追加したどのルールにも言えることだ。もちろん、1つの利益目標や1つの損切り閾値を検証するほうが簡単だが、トレンドそのもの、あるいは利食いについても、1つのパラメーター値を使うのはベストとは言えない。1つのシグナルだけでトレードを仕掛ければ、最高の結果になることもあるが、逆に最悪の結果になることもある。これは1つの銘柄だけをトレードするのと同じことである。2つ以上の株式で分散化して、いずれも良いパフォーマンスを示せば、平均的に良いリターンが得られる。どれくらい相関性があるかにもよるが、リスクは低くなることが多い。現実的なのは平均的なリターンである。

　あなたがリスクテイカーなら、1つのトレンド速度と1つの利益目標だけあればよいが、私はそれほどのエキサイティングなことは望まない。私はできるかぎり複数のパラメーターを使う。実際にはすべてのブレイクアウト期間やすべての利益目標でトレードするわけではなく、3つのブレイクアウト期間と3つの利益目標でトレードし、それぞれのケースでトータルポジションの3分の1だけトレードする。できるだけ平均に近づくようにするのがよい。

　システム開発者としては、これらのステップをすべて自分でやる必要があり、すべてのステップを終えたらそれらを組み合わせて1つの

システムにする。しかし、もう１つ重要なステップがある。

## 市場が多いほど、堅牢さは増す

EURUSDトレンド戦略のパラメーターを決定し、３つの期間とそのほかのパラメーターを選んだ。これでオーバーフィッティングは防げる。しかし、これだけでは十分とは言えない。リサーチャーによっては、各市場や各銘柄は独特のパターンを持つため、その市場ごとに異なるパラメーターを設定し、損切りと利食いのボラティリティ係数も異なるものを使ったほうがよいと考える人がいる。

しかし、私の考えは違う。より多くのデータで検証したほうが安全で、より一般的な結論に導いてくれる、というのが私の考えだ。関連性のないより多くの市場で検証して、全市場でうまくいくパラメーターを見つけるのがよい。そのためには、同じ最適化の検証を行い、結果を平均する。

多くの市場にわたる平均結果は、１つの株式や１つの先物市場の平均結果ほど良くないかもしれないが、複数の市場に同じパラメーターを適応して得られる平均結果からは、どういったことが期待できるのかがより鮮明に分かるはずだ。

また、分散化の別の方法として、銘柄ごとに異なるパラメーターを使うことが挙げられる。これには賛否両論あるかもしれないが、これは哲学の違いである。同じパラメーターを使うことは、ルールを一般化することを強要するものだ。いわゆる、「ルーズフィットのパンツ」解決法である。どちらが良いのかは分からないが、私は同じパラメーターを使うほうが好きだ。少なくとも、先物市場と同じセクターの株式についてはそうである。

# リスクの安定化

　リスクコントロールはトレードシステムのどの部分にも関与するものだ。リスクコントロールが最も重要なのは、各トレードを始めるときと、銘柄をポートフォリオに組み込むときである。これについては第14章ですでに議論した。

　各トレードのリスクは同じでなければならない。こうすることで分散化が最大化される。株式の場合は、各トレードに同じ額を割り当て、それを現在価格で割る。先物の場合は、20日ATRのドル価を求め、各銘柄の同じ投資額をそれで割る。このプロセスを「ボラティリティパリティ」と言う。

　リスクが同じでも、各市場のボラティリティは異なる。ときには大きく異なる。そこであなたのリスク許容量を決める必要がある。これは、ポートフォリオの日々のリターンに適用した年次ボラティリティの公式を使ってボラティリティを測定するのだが、ほとんどの投資家の場合、12％を下回れば苦痛は感じないはずだ。

　株式の場合、ボラティリティが高すぎるときにできるのはレバレッジを下げることだけだ。なぜなら、ボラティリティを追加するということは、買う株数を増やすことを意味し、投資額も増やさなければならないからだ。これではいたちごっこになってしまう。先物の場合、資金に余裕があるのが普通だが、保有しているもののポジションサイズを均等に変化させることでポジションサイズを増やしたり減らしたりすればよい。要するに、市場が静かで利益が出ているときはレバレッジを増やし、利益が出ているかどうかとは無関係に、リスクが大きすぎるときはレバレッジを減らすということである。リスクはできるだけ避けたい。今日は良く思えるものでも、明日は悪くなるかもしれないのだから。

164

## 自分自身でやる

　この例では簡単にするために小さなステップは省いてきた。戦略を自分で開発し、ポートフォリオを構築するときは、全プロセスを満足するまで見直す必要がある。急ぐ必要はない。市場は待ってくれるのだから。この例ではおおざっぱなアウトラインを示し、重要なポイントを見てきた。これ以上やってしまえば、私があなたのシステムを構築してしまうことになってしまう。これでは「魚の釣り方を教える」原理に反してしまうことになる（人に魚をあげれば彼は1日だけ食べられる。でも、魚の釣り方を教えれば一生食べられる）。

# 第17章

# 日中トレード戦略の構築
Constructing an Intraday Trading Strategy

　第16章の「トレンド戦略の構築」には多くの情報が含まれており、ここでは繰り返さないので、今一度読み返してもらいたい。トレード戦略の構築プロセスには共通点が多く、そのなかでトレードルールは実はそれほど重要ではない。

　長期トレンドフォローと日中戦略の大きな違いは、日中戦略では高頻度データ（日次の価格や週次の価格ではなく、5分足や15分足）を使う点である。そのため、日中戦略では、トレンドではなくて、マーケットノイズや繰り返されるパターン、トレーダーの振る舞いが重要になる。

　日中戦略ではトレードのコストや執行のタイミングも重要だ。トレードの保有期間が短いと、コストは大きな障害になる。「成り行き注文」はできない。指値注文にして、システムの仕掛け価格や手仕舞い価格を打ち負かす必要がある。これはパートタイムでできるような仕事ではなく、高度なスキルがなければ自動執行する注文などできない。

　私たちは高頻度トレーダーと競争しようとしているわけではない。私たちは1株当たり、あるいは1枚当たりのリターンが大きくなるように、彼らよりも若干長い時間枠でトレードする。日中トレードでは、個々の市場の特徴が重要になる。株式市場や先物市場のなかにはノイズが多く、不安定な動きをするものがあり、こういう場合は平均回帰

167

が打ってつけだ。一方、アップル、ネットフリックス、ユーロドル金利、ユーロ通貨などはトレンド市場なので、トレンドを利用するのがよい。どの銘柄がどの戦略に適しているのかを見極めるのは、トレードを成功させるうえで極めて重要で、短期トレードでは特に重要だ。

## 時間枠

まず最初に、トレードする時間枠（1分足、5分足、30分足、1時間足など）を決める。時間枠が短いほど、損失は少ないが利益も少なく、ノイズは増える。したがって、トレンドアプローチよりも平均回帰アプローチのほうが向く。

ここでは実用性を考えて20分足と30分足を使うが、これらの足の高値と安値を知ることができれば、利益目標や損切りは、これら2つのイベントが同じ足で発生しないかぎり、決めることができる。前と同じように先物市場を使うが、ここでは最も人気があり、価格ノイズの多いeミニS&P500を使う。

## 概要

日中戦略の構築方法は基本的にはトレンド戦略と同じだが、どの市場がトレンドアプローチや平均回帰アプローチに向くかを見極めるための追加的ステップが必要になる。日中トレンド特有の意思決定事項は以下のとおりである。

●価格足のサイズ（分足）
●市場のトレンドの質を見て、平均回帰アプローチを使うか、トレンドアプローチを使うか、両方を使うかを決める
●オーバーナイトするか、あるいは日中だけ保有するか

168

●特定の時間に仕掛けるべきか、あるいは引けで仕掛けるべきか
●最大ボラティリティが発生するかどうか
●はらみ足のあとには良い結果が生まれるのか
●日々の方向にのみ、あるいは長期トレンドの方向にのみトレードすべきか

　さらに、ポジションサイジング、利食い、損切り、トレンド戦略の以前の例と同様のそのほかのリスクコントロールについても考えなければならない。検証すべき選択肢はたくさんあるので、取捨選択が必要だ。

　例えば、トレンドの方向を用いてトレードをフィルタリングすべきだろうか。これがあなたがトレードしている唯一の戦略なら、答えはイエスだ。なぜなら、トレンドは信頼性を向上させ、利益も増大させるからだ。しかし、複数の戦略でトレードしている場合、トレンドを使えば、日中システムのパフォーマンスさえほかのトレンドシステムと高い相関を持ってしまう。したがって、この場合はトレンドは使わない。

　また、トレードをオーバーナイトして利益を増大させるかどうかも決める必要がある。オーバーナイトする場合、引けで仕掛けることができるので、仕掛ける最後の時間を決める必要はない。とはいえ、引けでシグナルが出た場合、時間外取引を除いては執行は難しくなるため、1日のうちのいつに発注をやめるべきかを知る必要はあるかもしれない。最後のシグナルは引けの15分前には出てもらいたいものだ。

## 戦略

日中トレードでよく使われる戦略は2つある。

169

①最初の取引時間のトレーディングレンジからのブレイクアウト
②前日の終値から測定した閾値を超えた動き

　いずれの戦略もトレンド戦略、または平均回帰戦略になる。

## 戦略を選ぶ

　あなたが自分の戦略を自分で構築するという楽しみを奪いたくない
ので、ここではすべての戦略を検証することはしない。あまりにも詳
細に説明すれば、あなたのトレードシステムにあなたの性格を反映し
なければならないときに、あなたは私の解法を選んでしまうおそれが
あり、良いときも悪いときもその戦略に従ってしまうおそれがある。

　オープニングレンジ（寄り付きから最初の1時間）からのブレイク
アウト、または始値からの動きは、前日とは無関係で、価格のトレン
ドとも無関係というメリットがある。ただし、この戦略を使うと、仕
掛けが遅くなり、デイトレードが難しくなってしまうというデメリッ
トもある。ここでは、前日の終値と日々のボラティリティに基づいて、
上方へのブレイクアウトで買い、下方へのブレイクアウトで売るとい
う戦略を使う。適用する市場はeミニS&P500先物だが、この戦略は
SPY（SPDR ETF）でも機能する。

　ここで用いるのは日中ボラティリティではなく日々のボラティリテ
ィであることに注意しよう。経験によれば、日中ボラティリティには
昼ごろに低くなるというパターンがある。そのため市場がアクティブ
になった直後にブレイクアウトシグナルが出る。午後1時ごろはトレ
ーダーたちがランチから帰ってくる時間なので、毎日午後1時にトレ
ードシグナルが出るのはあまり好ましいとは言えない。

## トレンド戦略か、それとも平均回帰戦略か

　ボラティリティブレイクアウトシステムはトレンドシステムだ。市場が開いたあとはしばらくの間じたばたするが、やがて方向性が出てくる。前日の終値よりもはるかに高く、または安く寄り付いた場合、平均回帰戦略が向いており、その日の引けまでに小利を得て素早く手仕舞う。平均回帰の場合、寄り付きが極端に高かったり、安かったりすることが要求されるため、トレンド戦略よりも機会が少なく、リスクは高い。トレードが長く保有できないため、リターンも少ない。機会を増やすためには、今日の始値と前日の終値に対する値動きに基づくトレードシグナルを受け入れるのも１つの手だ。

　トレンド戦略は、トレードをオーバーナイトできるというメリットがある。非常に短期のトレンドになる場合もあるが、利益目標に達するまで、あるいは翌日に逆方向のシグナルが出るまでトレードは持ち続ける。

　トレンド戦略は生成されるトレードが多いため、生成されたトレードは次のルールでフィルタリングすることができる。


●最小ボラティリティ、または最大ボラティリティ
●はらみ足、または一連のボラティリティの低い日が先行する
●いろいろなチャートパターン（例えば、フックなど）


　良い戦略を見つけるときにはボラティリティを見るが、パターンについては自分で調べてもらいたい（あなたの戦略はあなた自身で構築してもらいたいので）。

## 基本的なルール

ボラティリティブレイクアウトの基本的なルールは昔から存在するが、ルールの実行には良い方法と悪い方法がある。ここではプロセスについての理解を深めてもらうために、いくつかの特徴についてのみ検証する。

また、各トレードのリスクは、第16章で述べたように、バイアスを避けるために均等であるものとする。データとしては、極端なリスクを乗り切るシステムを構築するために、2008年の金融危機を含むデータを用いる。

## ブレイクアウトルール

今日の始値に基づくブレイクアウトと、前日の終値に基づくブレイクアウトの両方を検証した（ブレイクアウトの方向に売買）ところ、前日の終値からのブレイクアウトのほうが優れていた。前日の終値を使うということは、窓を空けての寄り付きはトレードシグナルになる可能性が高いことを意味する。

ボラティリティは日々のATRに基づくため、最初の検証結果は、前日の終値から測定したボラティリティブレイクアウト係数に対するボラティリティ期間をプロットしたものである。トレードは新しいトレードシグナルが出るまで保有される。最良のルールではないが、最もシンプルではある。**図17.1**は2005年からのeミニS&P500先物の結果を示したものだ。

第16章のトレンドシステムと比べると、結果はあまり良くない。しかし、納得のいく結果だ。この場合、ボラティリティ期間はブレイクアウト係数に比べるとそれほど重要ではない。なぜなら、各欄に示した結果は似たようなものだからだ（各欄はほとんどが利益か損失かの

## 図17.1　2005年からのeミニS&P500先物の純利益マトリックス
### 日中ブレイクアウト係数

| ボラティリティ期間 | 1.500 | 1.375 | 1.250 | 1.125 | 1.000 | 0.875 | 0.750 | 0.625 | 0.500 | 0.375 | 0.250 |
|---|---|---|---|---|---|---|---|---|---|---|---|
| 30 | −18450 | −14161 | 16875 | −37193 | −17513 | 9997 | 50146 | 52555 | 20819 | −9382 | −56637 |
| 25 | −41357 | −30175 | −34371 | −29716 | −9871 | 8108 | 32597 | 41530 | 18996 | −18247 | −53997 |
| 20 | −84643 | −54633 | −48237 | −27538 | −2842 | 13501 | 28363 | 21466 | 40248 | −18555 | −54612 |
| 15 | −80834 | −72164 | −67856 | −72077 | −7035 | 10297 | 21432 | −1523 | 25083 | −15187 | −57823 |
| 10 | −45312 | −65622 | −95757 | −61985 | −27190 | −13749 | 41390 | 5697 | 20236 | −19338 | −57596 |
| 5 | −21637 | −48639 | −67444 | −65935 | −21249 | −9069 | 21474 | 10406 | 3360 | −16045 | −58397 |

いずれか）。

　ブレイクアウトが非常に小さい（0.50を下回る）場合、シグナルは信頼が置けず、損失ばかり出ている。ブレイクアウトが非常に大きい場合、価格が極値に達したらすぐに仕掛けなければならないため、損失を出すか、潜在的利益を減らすことになる。大きなブレイクアウト係数で損失が出るのは良いニュースとみなすことができる。なぜなら、上方へのブレイクアウトは平均回帰ルールを使って簡単に売ることができるので、損失を利益に変えることができるからである。

　ブレイクアウト係数が0.75から0.50で、ボラティリティ期間が最低20のときに良い結果が出ており、期間が30で、ブレイクアウト係数が0.625のときに最良の結果が出ている。

## 利食いと極端なボラティリティ

　もっと重要な2つの追加的要素について見ていくことにしよう。2つの要素とは、利食いと極端なボラティリティだ。利食いが重要なのは、価格はブレイクアウトの方向にそれほど長く動き続けることはないからだ。高頻度データには、ノイズが非常に多いことを思い出そう。

　前の検証から得られた最良のパラメーター（もちろんこれはオーバ

### 図17.2　eミニS&P500の日中ブレイクアウトの純資産マトリックス

| ドル価での最大ボラティリティ | 利食い係数 | | | | | | | | |
|---|---|---|---|---|---|---|---|---|---|
| | 2.00 | 1.75 | 1.50 | 1.25 | 1.00 | 0.75 | 0.50 | 0.25 | 0.00 |
| 2,000 | 53286 | 53668 | 67841 | 71295 | 59293 | 49886 | 45616 | 41266 | 44024 |
| 1,750 | 51052 | 51809 | 66282 | 70111 | 58459 | 49427 | 44712 | 40357 | 45365 |
| 1,500 | 54298 | 55305 | 69707 | 70873 | 58196 | 48930 | 44448 | 37870 | 54411 |
| 1,250 | 34094 | 37351 | 39736 | 34725 | 34897 | 25765 | 26339 | 20867 | 43985 |
| 1,000 | 6890 | 8512 | 12497 | 11563 | 4605 | 6051 | 2366 | 4231 | -10008 |
| 750 | 8962 | 7283 | 11714 | 5585 | 10511 | 3990 | 50 | 291 | 34354 |
| 500 | 10722 | 11942 | 10643 | 8053 | 6667 | 5305 | 5397 | 4844 | -5583 |

ーフィッティングだ。でも、これは単なる例なので気にすることはない）を使って、結果を前の検証の最高利益5万2555ドルと比べてみよう（**図17.2**参照）。全体的に結果は悪化しているが、ボラティリティが大きく、利食い係数が1.0を上回る分については前よりも良い結果が出ている。ボラティリティ閾値が上昇するにつれてリターンが大きくなっているので、最大ボラティリティを限定することは不要で、利食い係数が1.25の利食いが最良の選択であると結論づけることができる。

　利食いが重要なのは、それがあなたを市場から撤退させる手段だからである。市場にいる時間が少なくて同じリターンを得ることができれば、不必要なリスクを避けることができる。必ずしもリターンを向上させることが必要なのではない。イクスポージャーを少なくすることもリターンの向上につながるのである。

## トレンドについて

　トレンドの方向にトレードすればリターンは飛躍的に向上すると考えるのは理にかなっているように思える。株式市場は米国市場だけでなく、世界中の株式市場は上方にバイアスがかかっていることを考えれば納得がいくはずだ。これまでで最高の結果を選び、それをトレンドでフィルタリングし、買いトレードだけを選べば、人生はうまくい

### 図17.3　トレンドをフィルターとして使ったときの検証結果

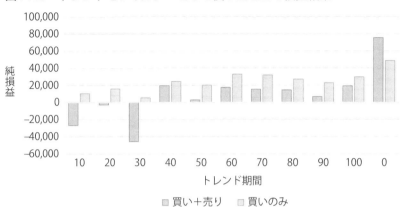

　くだろう。

　しかし、事はそれほど簡単ではない。**図17.3**は横軸にトレンド期間（日数）を取り、縦軸に純利益（買い＋売り、買いのみ）を取ったものだ。市場には上昇バイアスがかかっているので、買い＋売りよりも買いのみのほうが良い結果が出るだろうと予測した。しかし、いずれもトレンドを使わないとき（右端）ほどは良くはない。しかし、これで十分な答えを得たとは言えない。トレンドフィルターは、トレンドの方向とシグナルの方向が対立したときにあなたを市場から撤退させてくれるものだ。市場にいないことは良いことであり、２つのアプローチのインフォメーションレシオを比べてみればメリットははっきりする。インフォメーションレシオが高いということは、リスクに対して良いリターンが得られることを意味する。しかし、絶対ベースではリターンはそれよりも低くなる。

　それではこれらすべてを組み込んでみよう。日々のボラティリティ期間として30、ブレイクアウトとして0.625、利食いとして1.25を使い、トレードがオーバーナイトできるとした場合、利益は**図17.4**に示した

175

図17.4　最終的な日中ブレイクアウトのパラメーターを使ったときの結果

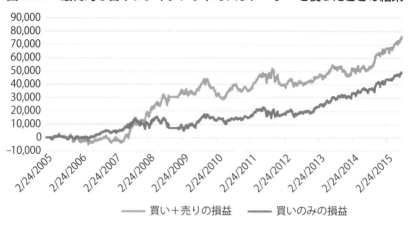

図17.5　eミニS&P500の30分足で日中ブレイクアウトを適用したときのトレードシグナルの例

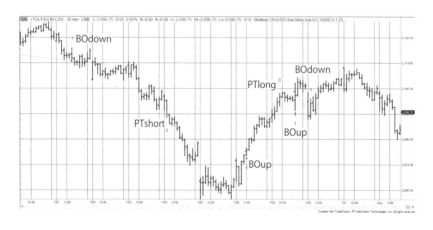

ようなものになる。リターンは買い＋売りのほうが良いが、買いのみのほうがスムーズである。どちらを選ぶかはあなた次第だ。

　**図17.5**はトレードステーションでの実際のトレードシグナルを示したものである。BOupは上方へのブレイクアウトによって生成された

176

買いシグナルを意味し（BOdownは下方へのブレイクアウトで生成された売りシグナル）、PTlongとPTshortは、買いや売りで利益目標が達成されたことを示している。これは簡単な例であり、いろいろな特徴を含んでいるわけではなく、またさまざまな市場の堅牢さを求めたものでもないことに注意してもらいたい。

　高頻度データの場合、銘柄の特徴の違いがより一層重要になる。出来高の少ない銘柄は予測するのが難しいかもしれない。あるいは、小さなポジションサイズに対しては平均回帰の機会を与えてくれるかもしれない。

　これらの例では逆指値注文は使わなかったが、リスクコントロールは重要だ。その1つの方法としては、毎日の終わりに、あるいは特定の時点において、そのトレードは利益になるのかどうかを問うことが挙げられる。フロアトレーダーは利益ができるだけ早い時点で出ることを好むが、利益を使ってトレードをオーバーナイトするかどうかを決めるのはリスクコントロールの良い方法であり、しかもトレードに時間的猶予を与えることもできる。

　自分自身でシステムを開発するようになると、もっと多くの選択肢を考えたり、銘柄を特定する別の方法を思いついたりできるようになるはずだ。成功はハードワークによってのみ達成できるのである。

# 第**18**章

# まとめ
Summary

　第1章のまえがきでも述べたように、本書は短いので、簡単に読破できるはずだ。各章は、アルゴリズムトレーダーが成功するために解決しなければならないアイデアのみに限定した。ほかにも重要な概念はあるが、本書では省略した。

　あなたにはぜひとも覚えておいてもらいたいことがある。それをまとめたものは以下のとおりである。

①あなたの戦略には、健全な前提がなければならない。

②あなたの戦略は、あなたの個性に合うものでなければならない。

③成功の秘訣は、ルールを少なく、アイデアを明確にすることである。

④それぞれのルールは、独立したものでなければならない。

⑤良い戦略は、いろいろな市場で長年にわたって機能する。

⑥ボラティリティが非常に高いとき、リスクをとっても見合わない。

⑦結果を安定化させるためには複数のパラメーターを使え。

⑧損切りを使うのは最悪の事態に備えるときのみ。戦略のなかで自然に発動する手仕舞いを使うようにすること。

⑨短期トレーダーは利食いせよ。しかし、トレンドフォロワーは利食いしてはならず、複数の利益目標を使え。

179

⑩完璧なシステムなどない。リスクを受け入れ、管理せよ。ポジションサイズはいつでも小さくできる。

⑪システムがアウトオブサンプルデータでうまくいかなくてもそれを受け入れ、前に進め。個々の損失を取り除こうとしてはならない。

⑫市場にいないときは、価格ショックとは無縁でいられる。

⑬ポートフォリオに組み込む銘柄をランク付けするときは、シンプルなのが一番。

⑭できるだけ均等加重を使え。

⑮市場を分散化するよりも、戦略を分散化したほうがよい。


　最後に一言申し添えておきたい。それは、ほかの戦略について書かれてあるものを読み、それらの戦略に耳を傾けよ、ということである。それらの戦略のなかには、あなたにとって魅力的なものもきっとあるはずだ。しかし、そういった戦略は良い例のみを使う傾向があり、幅広い市場にわたって、あるいは長期にわたって機能しないかもしれないため、注意が必要だ。それが本当に価値のあるものなのかどうかは自分で検証することが重要だ。検証には、本書で紹介した多くのテクニックが使えるはずだ。あなたのお金なのだから、賢く投資することが重要だ。

　トレードの成功を祈っている！

# 参考資料

　以下のウェブサイトでは、トレードアイデアを刺激してくれるようなトレード開発プラットフォーム、トレードテクニックについてのブログ、一般的な金融情報が提供されている。ユーザーグループは、どういったレベルのトレード戦略の開発においても役立つものだ。

## システム開発プラットフォーム

AbleTrend（https://www.wintick.com/）

AIQ（http://www.aiqsystems.com/）

AmiBroker（http://www.amibroker.com/）

eSignal, Advanced GET（http://www.esignal.com/）

MetaStock(Pro)（http://www.metastock.com/）

Micosoft Excel(Visual Basic)（https://www.microsoft.com/）

MultiCharts（http://www.multicharts.com/）

NeuroSheel Trader Professional（http://try.neuroshell.com/）

NinjaTrader（http://ninjatrader.com/）

OmniTrader（http://www.omnitrader.com/）

TradersStudio(Turbo)（http://tradersstudio.com/）

TradeStation（http://www.tradestation.com/）

Updata（http://www.updata.co.uk/）

VisualTrader（http://www.omnitrader.com/）

VectorVest 7 EOD（http://www.vectorvest.com/）

Wealth-Lab(pro)（http://www.wealth-lab.com/）

### ユーザーグループ

MetaStock（System Development Platformsのウェブサイトを参照）

UsingEasyLanguage.com（http://www.usingeasylanguage.com/）

# ブログ

### テクニカルトレード関連のブログ

http://ibankcoin.com/

http://investorsinsight.com/

http://liquidalpha.blogspot.com

https://marketsci.wordpress.com/

https://www.peterlbrandt.com/

http://quantifiableedges.blogspot.com/

http://vixandmore.blogspot.com/

### 科学関連のブログ

http://epchan.blogspot.com/

https://quantivity.wordpress.com/

http://onlyvix.blogspot.com/

https://www.cxoadvisory.com/blog/

### 学術研究データベース

https://www.ssrn.com/

### 金融関連のブログ

http://abnormalreturns.com/

http://www.ipgliders.net/www.clusterstock.tumblr.com

http://www.crossingwallstreet.com/

https://cssanalytics.wordpress.com/

Dr.Edのブログ（http://blog.yardeni.com/）

http://www.insidermonkey.com/

http://ww1.blogstpot.com/

http://seekingalpha.com/

http://streetsleuth.com/

http://ritholtz.com/ (The Big Picture)

World Beta (http://mebfaber.com/)

## 定期刊行物（雑誌）

*Modern Trader*

*Technical Analysis of Stocks & Commodities*

*Traders Magazine*

*MTA Technically Speaking*

*Journal of Futures Markets*

*The Journal of Portfolio Management*

## ペリー・カウフマンのウェブサイト

http://perrykaufman.com/

http://www.KaufmanSignals.com/

http://www.kaufmananalytics.com/

## ■著者紹介
### ペリー・カウフマン（Perry J. Kaufman）
株式とデリバティブ市場で40年以上に及ぶ経験を持つ投資コンサルタントの第一人者。著書はこのほかにも『Trading Systems and Methods, Fifth Edition』『A Short Course in Technical Trading』『Smarter Trading』『Global Equity Investing』などがある。コンピューターモデルを使って金融の意思決定を行う先駆者でもある。


## ■監修者紹介
### 長尾慎太郎（ながお・しんたろう）
東京大学工学部原子力工学科卒。北陸先端科学技術大学院大学・修士（知識科学）。日米の銀行、投資顧問会社、ヘッジファンドなどを経て、現在は大手運用会社勤務。訳書に『魔術師リンダ・ラリーの短期売買入門』『新マーケットの魔術師』など（いずれもパンローリング、共訳）、監修に『高勝率トレード学のススメ』『ラリー・ウィリアムズの短期売買法【第2版】』『コナーズの短期売買戦略』『続マーケットの魔術師』『続高勝率トレード学のススメ』『ウォール街のモメンタムウォーカー』『グレアム・バフェット流投資のスクリーニングモデル』『勘違いエリートが真のバリュー投資家になるまでの物語』『Rとトレード』『完全なる投資家の頭の中』『3％シグナル投資法』『投資哲学を作り上げる　保守的な投資家ほどよく眠る』『システマティックトレード』『株式投資で普通でない利益を得る』『成長株投資の神』『ブラックスワン回避法』『市場ベースの経営』『金融版 悪魔の辞典』など、多数。


## ■訳者紹介
### 山下恵美子（やました・えみこ）
電気通信大学・電子工学科卒。エレクトロニクス専門商社で社内翻訳スタッフとして勤務したあと、現在はフリーランスで特許翻訳、ノンフィクションを中心に翻訳活動を展開中。主な訳書に『EXCELとVBAで学ぶ先端ファイナンスの世界』『リスクバジェッティングのためのVaR』『ロケット工学投資法』『投資家のためのマネーマネジメント』『高勝率トレード学のススメ』『勝利の売買システム』『フルタイムトレーダー完全マニュアル』『新版　魔術師たちの心理学』『資産価値測定総論1、2、3』『テイラーの場帳トレーダー入門』『ラルフ・ビンスの資金管理大全』『テクニカル分析の迷信』『タープ博士のトレード学校　ポジションサイジング入門』『アルゴリズムトレーディング入門』『クオンツトレーディング入門』『スイングトレード大学』『コナーズの短期売買実践』『ワン・グッド・トレード』『FXメタトレーダー4 MQLプログラミング』『ラリー・ウィリアムズの短期売買法【第2版】』『損切りか保有かを決める最大逆行幅入門』『株式超短期売買法』『プライスアクションとローソク足の法則』『トレードシステムはどう作ればよいのか　1 2』『トレードコーチとメンタルクリニック』『トレードシステムの法則』『トレンドフォロー白書』『スーパーストック発掘法』『出来高・価格分析の完全ガイド』『アメリカ市場創世記』『ウォール街のモメンタムウォーカー』『グレアム・バフェット流投資のスクリーニングモデル』『Rとトレード』『ザ・シンプルストラテジー』『システマティックトレード』『市場ベースの経営』（以上、パンローリング）、『FORBEGINNERSシリーズ90　数学』（現代書館）、『ゲーム開発のための数学・物理学入門』（ソフトバンク・パブリッシング）がある。

2017年1月2日　初版第1刷発行

**ウィザードブックシリーズ ⑭**

# 世界一簡単なアルゴリズムトレードの構築方法
——あなたに合った戦略を見つけるために

著　者　ペリー・J・カウフマン
監修者　長尾慎太郎
訳　者　山下恵美子
発行者　後藤康徳
発行所　パンローリング株式会社
　　　　〒160-0023　東京都新宿区西新宿7-9-18-6F
　　　　TEL 03-5386-7391　FAX 03-5386-7393
　　　　http://www.panrolling.com/
　　　　E-mail　info@panrolling.com
編　集　エフ・ジー・アイ（Factory of Gnomic Three Monkeys Investment）合資会社
装　丁　パンローリング装丁室
組　版　パンローリング制作室
印刷・製本　株式会社シナノ

ISBN978-4-7759-7213-7
落丁・乱丁本はお取り替えします。
また、本書の全部、または一部を複写・複製・転訳載、および磁気・光記録媒体に
入力することなどは、著作権法上の例外を除き禁じられています。

本文　©Emiko Yamashita／図表　© Pan Rolling　2017 Printed in Japan

# ジョージ・プルート

フューチャーズ・トゥルース CTA の研究部長、『フューチャーズ・トゥルース』編集長。メカニカルシステムの開発、分析、実行およびトレーディング経験25年。1990年、コンピューターサイエンスの理学士の学位を取得、ノースカロライナ大学アッシュビル校卒業。数々の論文を『フューチャーズ』誌や『アクティブトレーダー』誌で発表してきた。『アクティブトレーダー』誌の2003年8月号では表紙を飾った。

**ウィザードブックシリーズ 211**

## トレードシステムはどう作ればよいのか 1

定価 本体5,800円+税　ISBN:9784775971789

### トレーダーは検証の正しい方法を知り、その省力化をどのようにすればよいのか

売買システム分析で業界随一のフューチャーズ・トゥルース誌の人気コーナーが本になった！ システムトレーダーのお悩み解消します！ 検証の正しい方法と近道を伝授！
われわれトレーダーが検証に向かうとき、何を重視し、何を省略し、何に注意すればいいのか――それらを知ることによって、検証を省力化して競争相手に一歩先んじて、正しい近道を見つけることができる！

**ウィザードブックシリーズ 212**

## トレードシステムはどう作ればよいのか 2

定価 本体5,800円+税　ISBN:9784775971796

### トレーダーが最も知りたい検証のイロハ

ケリーの公式とオプティマルfとの関係、短期バイアスの見つけ方、CCIとほかのオシレーター系インディケーター、エクセルのVBAによるシステムの検証とトレード、タートルシステムの再考、2つの固定比率ポジションサイジング、トレンドは依然としてわれわれの友だちか、フューチャーズ・トゥルースのトップ10常連システム、パラメーターはどう設定すればいいのか、など。

# ローレンス・A・コナーズ

TradingMarkets.com の創設者兼 CEO（最高経営責任者）。1982年、メリル・リンチからウォール街での経歴をスタートさせた。著書には、リンダ・ブラッドフォード・ラシュキとの共著『魔術師リンダ・ラリーの短期売買入門（ラリーはローレンスの愛称）』（パンローリング）などがある。

**ウィザードブックシリーズ 216**
## 高勝率システムの考え方と作り方と検証
定価 本体7,800円+税　ISBN:9784775971833

**あふれ出る新トレード戦略と新オシレーターとシステム開発の世界的権威！**

コナーズがPDFで発売している7戦略を1冊。ギャップを利用した株式トレード法、短期での押し目買い戦略、ETF（上場投信）を利用したトレード手法、ナンピンでなく買い下がり戦略の奥義伝授、ボリンジャーバンドを利用した売買法、新しいオシレーター　コナーズRSIに基づくトレードなど、初心者のホームトレーダーにも理解しやすい戦略が満載されている。

---

**ウィザードブックシリーズ 169**
### コナーズの短期売買入門
定価 本体4,800円+税　ISBN:9784775971369

時の変化に耐えうる短期売買手法の構築法。さまざまな市場・銘柄を例に世界で通用する内容を市場哲学や市場心理や市場戦略を交えて展開。

**ウィザードブックシリーズ 180**
### コナーズの短期売買実践
定価 本体7,800円+税　ISBN:9784775971475

短期売買とシステムトレーダーのバイブル！自分だけの戦略や戦術を考えるうえでも、本書を読まないということは許されない。

**ウィザードブックシリーズ 197**
### コナーズの短期売買戦略
定価 本体4,800円+税　ISBN:9784775971642

機能する短期売買戦略が満載！マーケットの動きをもっと詳しく知りたいと望む人にとって、必要な情報がこの1冊にコンパクトにまとめられている。

**ウィザードブックシリーズ 1**
### 魔術師リンダ・ラリーの短期売買入門
定価 本体28,000円+税　ISBN:9784939103032

裁量で売買する時代に終わりを告げ、システムトレードという概念を日本にもたらしたのは、この本とこの著者2人による大きな功績だった。

**DVD**
### スイングトレードを成功させる重要なポイント
定価 本体4,800円+税　ISBN:9784775963463

勝率87％の普遍的なストラテジー大公開！短期売買トレーダーのための定量化された売買戦略。コナーズ本人が解説。

# キース・フィッチェン

先物市場向けのテクニカルなトレードシステムの開発に25年以上にわたって携わり、その間、自らもこれらのシステムで活発にトレードしてきた。1986年、最高のメカニカルシステムの1つと言われるアベレイションを開発。アベレイションは1993年に市販され、それ以来『フューチャーズ・トゥルース』誌の「史上最高のトレードシステムトップ10」に4回仲間入りを果たした。

ウィザードブックシリーズ217

## トレードシステムの法則

定価 本体7,800円+税　ISBN:9784775971864

### 利益の出るトレードシステムの開発・検証・実行とは

トレーダブルな戦略とは自分のリスク・リワード目標に一致し、リアルタイムでもバックテストと同様のパフォーマンスが得られる戦略のことを言う。カーブフィッティングから貪欲まで、さまざまな落とし穴が待ち受けているため、トレーダブルな戦略を開発するのは容易なことではない。しかし、正しい方法で行えば、トレーダブルな戦略を開発することは可能である。

**目次**

第1章　トレーダブルな戦略とは何か
第2章　バックテストと同様のパフォーマンスを示す戦略を開発する
第3章　トレードしたい市場で最も抵抗の少ない道を見つける
第4章　トレードシステムの要素──仕掛け
第5章　トレードシステムの要素──手仕舞い
第6章　トレードシステムの要素──フィルター
第7章　システム開発ではなぜマネーマネジメントが重要なのか
第8章　バースコアリング──新たなトレードアプローチ
第9章　「厳選したサンプル」のワナに陥るな
第10章　トレードの通説
第11章　マネーマネジメント入門
第12章　小口口座のための従来のマネーマネジメントテクニック──商品
第13章　小口口座のための従来のマネーマネジメントテクニック──株式
第14章　大口口座のための従来のマネーマネジメントテクニック──商品
第15章　大口口座のための従来のマネーマネジメントテクニック──株式
第16章　株式戦略と商品戦略を一緒にトレードする

# システムトレード入門者からベテランまで役に立つ必読書

## ラリー・R・ウィリアムズ

ウィザードブックシリーズ196

### ラリー・ウィリアムズの短期売買法【第2版】
投資で生き残るための普遍の真理

10000%の男

定価 本体7,800円+税　ISBN:9784775971604

#### 短期システムトレーディングのバイブル！

読者からの要望の多かった改訂「第2版」が10数年の時を経て、全面新訳。直近10年のマーケットの変化をすべて織り込んだ増補版。日本のトレーディング業界に革命をもたらし、多くの日本人ウィザードを生み出した教科書！

---

ウィザードブックシリーズ97　**ラリー・ウィリアムズの「インサイダー情報」で儲ける方法**
定価 本体5,800円+税　ISBN:9784775970614

"常勝大手投資家"コマーシャルズについて行け！ラリー・ウィリアムズが、「インサイダー」である「コマーシャルズ」と呼ばれる人たちの秘密を、初めて明かした画期的なものである。

---

ウィザードブックシリーズ65　**ラリー・ウィリアムズの株式必勝法**
定価 本体7,800円+税　ISBN:9784775970287

正しい時期に正しい株を買う。話題沸騰！
ラリー・ウィリアムズが初めて株投資の奥義を披露！
弱気禁物！上昇トレンドを逃すな！

---

ウィザードブックシリーズ183

### システムトレード 基本と原則

著者：ブレント・ペンフォールド

定価 本体4,800円+税　ISBN:9784775971505

#### あなたは勝者になるか敗者になるか？

勝者と敗者を分かつトレーディング原則を明確に述べる。トレーディングは異なるマーケット、異なる時間枠、異なるテクニックに基づく異なる銘柄で行われることがある。だが、成功しているすべてのトレーダーをつなぐ共通項がある。トレーディングで成功するための普遍的な原則だ。
またそれらを裏付ける成功した幅広いトレーダーたちの珍しいインタビューを掲載。

## Python3ではじめる システムトレード
### 環境構築と売買戦略

定価 本体3,800円+税　ISBN:9784775991473

### 高頻度取引HFTへの入り口
### 無料プラットフォームと豊富なソースコードを使え！

ネットワーク上にあるデータベースから金融経済関連のデータをダウンロードし、そのデータの特徴を理解する。そして投資・取引戦略を構築するための知恵を身に着ける。その際にPythonプログラム言語を学び、統計的手法を用いデータ分析の客観性を向上し、安定した収益を実現する取引戦略の構築を試みてみよう。また、学習に用いたプログラムコードを公開することで、だれでも卓上で分析結果を再現できるようにする。これらが本書の特徴であり、目的である。本書から開発の楽しさを知り、トレーディングへ活かしていただけることを願っている。

現代の錬金術師シリーズ 121

## Rubyではじめる システムトレード
### 「使える」プログラミングで検証ソフトを作る

定価 本体2,800円+税　ISBN:9784775991282

### プログラミングのできるシステムトレーダーになる!! 絶対金持ちになってやる!!

本書は、「どうにかして株で儲けたい」という人のために書かれた。そのトレードで勝つためには、極力感情を排除することが重要だ。そのために、明確なルールに従って機械的に売買する「システムトレード」がどうも有効らしい。しかし、プログラミングが壁になって二の足を踏んでしまう。そういう人たちのために、自分の手を動かし、トレードアイデアをプログラムで表現する喜びを味わってもらおうとして書いたのが本書の一番の目的だ。さあ、あなたも、株で金持ちになってみませんか。